남과 북의 오작교가 되어

남과 북의 오작교가 되어

재미동포 아줌마 '종북마녀사냥' 수난기

신은미 지음

도서출판 말

목 차

■ 서문   조국을 사랑한 죄, 입국금지 5년 ································· 05

제1부   '종북마녀'가 된 재미동포 아줌마 ························· 09

제1장   내 생애 가장 슬픈 여행 ································· 10
제2장   나의 딸이 어찌 악마로 변했느냐! ····················· 17
제3장   조국을 떠나기로 결심하다 ···························· 26
제4장   남북 지도자 만나서 하고 싶은 말 ····················· 37
제5장   북으로 돌아가고 싶어하는 탈북자들 ··················· 46
제6장   익산서 터진 '사제 폭발물 테러' ······················ 55

제2부   국가보안법 수사와 강제출국 ························· 65

제7장   경찰 조사 그리고 국가보안법 ························ 66
제8장   경찰의 어이없는 질문들 ···························· 78
제9장   테러리스트 감싸는 나라 ···························· 90
제10장   한국, 자유민주의국가 맞나? ······················· 99
제11장   강제출국 그리고 귀가 ···························· 109
제12장   슬프고도 아름다운 여행 ·························· 122

제3부   재미동포 아줌마, 일본에 가다 ·· 135

제13장   민단, 조총련 모두에게 하고싶은 강연 ····························· 136
제14장   일본에 있는 '우리학교' ·· 146
제15장   요코하마와 교토의 조선학교 ·· 155
제16장   오사카, 고베 그리고 평양으로 ·· 164

제4부   통일토크콘서트 테러 사건을 말하다 ······························· 183

너무 솔직해서 탈일까? - 이만열 ··· 184
화이부동의 지혜가 필요 - 문정인 ··· 190
'통일하려면 서로 친북하고 친남해야' - 오인동 ······························· 194
검찰이 테러에 너그러운 이유 - 곽성준 ·· 200
내게 폭발물 던진 고3, 그래도 용서하고자 - 이재봉 ························ 203

제5부   인터뷰 · 재미동포 아줌마 신은미 - 문경환 ······················ 215
          식량 40톤 싣고 북 수해 현장 갑니다

■ 후기   북한 붕괴 전제한 정책 버려야 ·· 266

조국을 사랑한 죄, 입국금지 5년

저는 2011년부터 2015년까지 모두 여덟 차례에 걸쳐 백여 일간 북한 전역을 여행하였습니다. 이를 바탕으로 인터넷 매체 〈오마이뉴스〉에 연재를 했으며, 두 권의 북한기행문을 출간하였습니다. 모국에서는 전국을 순회하며 수십 회의 강연도 했습니다. 그러나 2014년 11월, 한 시민단체의 초청을 받고 순회강연을 하던 중 불행히도 일부 언론의 허위보도로 시작된 '마녀사냥식 종북몰이'의 중심에 서게 되었습니다.

급기야 한 강연장에서는 폭발물 테러가 발생하는 사태까지 일어났습니다. 소위 '익산 통일토크콘서트 테러 사건'입니다. 모국인 남한에서 북녘의 산하와 북녘동포들에 대한 강연을 하다가는 테러를 당할 수도 있다는 슬픈 현실을 목격했습니다.

테러 피해자가 오히려 강제출국 당해

피해자인 저는 오히려 '가해자'로 둔갑해 국가보안법 위반 혐의로 총 50시간 넘게 경찰과 검찰의 조사를 받게 되었습니다. 혐의를 찾지 못한 검찰은 저를 출입국관리법 위반 혐의로 강제출국을 시켰습니다. 게다가 향후 5년간 대한민국 입국을 금지한다고 합니다.

2011년 첫 북한 여행을 가기 전까지만 해도 제게 북한이라는 곳은 꿈에도 갈 수 없는 그런 곳이었습니다. 물론 제가 태어나서 자란 남한은 언제든지 갈 수 있었지만. 그러나 강제출국에 이어 입국금지가 된 지금은 그 반대가 되었습니다. 북한은 언제든지 자유롭게 갈 수 있어도 남한은 전혀 갈 수가 없는 나라가 돼 버렸습니다. 상상도 해보지 못한 기막힌 일이 제게 벌어진 것입니다.

오랜 시간 동안 경찰과 검찰의 조사를 받으면서 국가보안법이야말로 '천하의 몹쓸 법'이라는 사실을 확인했습니다. 그리고 왜 유엔에서마저 이 법의 폐지를 권고하는지 이해할 수 있었습니다. 북한에 관해서는 어떤 긍정적인 것도, 그것이 설사 사실이라 할지라도, 있는 그대로 표현할 경우 '고무 및 찬양'에 해당하며 국가보안법 위반이 될 수 있음을 알았습니다. '대동강맥주가 맛있고, 북녘에 흐르는 강물이 깨끗하고, 북한에 휴대폰 수가 250만이 넘는다'는 말이 문제가 되어 벌어진 웃지 못할 상황이 바로 '신은미 종북콘서트'입니다.

이 법이 존재하는 한 아무 죄 없는 사람들이 감옥에 가는 것은 물론, 사이비 보수단체의 준동과 종북몰이, 그리고 이를 이용하는 정권은 결코 사라지지 않을 것이라는 생각입니다. 나아가 모국에서 민주주의는 영원히 존재할 수가 없습니다. 인간의 자유로운 사유와 표현을 억제하는 이런 법이 존재하는 한 우리는 창조적인 문화발전도 기대할 수가 없습니다.

저는 지금 정부를 상대로 소송을 진행 중이며 민주주의의 최후 보루인 사법부의 정의로운, 극히 상식적인 판단을 기다리고 있습니다. 북한 동포들이 갖고 있는 휴대폰의 숫자, 북녘 하천의 수질, 그리고 대동강맥주의 맛을 있는 그대로 말하는 것이 한국의 국가안보를 어떻게 위협하는지 한국 정부는 이를 증명해야 할 것입니다.

이제는 갈 수 없는 나라가 된 한국

이 책은 제가 출국정지 속에서 50여 일간 모국에 머무르며 경험한 '마녀사냥식 종북몰이'와 마치 코미디와 같은, 어리석기 그지없는 국가보안법 수사 이야기를 담았습니다. 그리고 2015년 여름, 9일간의 일본 순회강연을 통해 알게 된 재일동포들의 애절한 조국 사랑 이야기도 실었습니다.

제가 모국에 머무는 동안 저에게 따뜻한 위로와 함께 많은 도움을 주신, 저의 기행문 《재미동포 아줌마, 북한에 가다 – 내 생애 가장 아름답고도 슬픈 여행》(2012)과 《재미동포 아줌마, 또 북한에 가다 – 내 생애 가장 아름답고도 행복한 여행》(2015) 독자 여러분, 변호를 자원해 주신 변호사님들, 민족의 화합과 조국의 평화적 통일을 염원하는 동포 여러분께 깊은 감사의 말씀을 드립니다.

끝으로 한시도 곁을 떠나지 않고 모국에서 함께 고초를 겪은 사랑하는 남편에게 고마움을, 조마조마한 심정 속에 견디기 어려운 심리적 고통을 받은 가족에게 한없이 미안한 마음을, 그리고 북한의 수양가족에게 애타는 그리움을 전합니다.

2016년 12월

캘리포니아에서

신은미

01

'종북마녀'가 된
재미동포 아줌마

남과
북의
오작교가
되어

|제1장|　내 생애 가장 슬픈 여행

　　2011년 10월, 태어나 처음으로 두려움과 호기심의 보따리를 싼 채 남편과 함께 북녘땅으로 여행을 떠났다. 나는 얼마 지나지 않아 그곳에서 나와 똑같은 인간사의 희로애락에 눈물짓고, 미소도 지으며 살아가고 있는 내 형제, 일란성 쌍둥이들을 발견했다. 그리고 그곳에서 두려움이 발동하기는커녕 낯설었던 형제들에게서 사랑을 듬뿍 느끼고 돌아왔다.

　　북녘동포들은 순박하고 인정 넘치며, 지혜롭고 성실했다. 하지만 아름다운 내 동포들은 분단의 아픔 속에서 가난하게 살아가고 있었다. 이들 또한 우리 남녘의 사랑스러운 동포들과 마찬가지로 분단의 아픔을 양어깨에 짊어지고 버겁게 살아가고 있는 내 형제요, 내 겨레였다.

　　북한 여행을 통해 나는 민족의 화합과 조국의 평화로운 통일을 염원하게 됐다. 이 얼마나 아름다운 여행인가. 동시에 조국이 분단돼 있다는 사실에 가슴 아파해야 했다. 나의 북한 여행은 '내 생애 가장 아름답고도 슬픈 여행'이었다. 그 후, 북녘동포들과 나눈 마음과 정을 내 사랑하는 모국 한국의 동포들과 함께 나누기 위해 나는 2012년부터 수십 차례에 걸쳐 전국 방방곡곡을 다니며 북한 여행 이야기보따리를 풀었다.

통일 조국은 남과 북의 평범한 사람들이 주인이 돼 누리고 살아갈 조국이므로, 그리고 조국의 통일은 보수, 진보 관계없이 우리 한민족 모두의 사명이며 공의의 실현이므로, 나는 강연 주최가 누구인지 상관없이 나를 부르는 곳이라면 어디라도 흔쾌히 찾아갔다. 먼 길 마다하지 않고 육체적·경제적, 그리고 내 개인적 삶의 희생을 감수하면서 기쁜 마음으로 달려갔다.

하지만 지나고 보니 내 모국, 한국 방문 역시도 '내 생애 가장 아름답고도 슬픈 여행'이 돼버렸다.

토크콘서트를 제안받다

2014년 8월께로 기억한다. '6·15 남측위원회'라는 단체로부터 "2014년 9월에 서울에 와서 '통일토크콘서트'를 할 수 있겠느냐"라는 초청을 받았다. 나는 이 단체에게서 2014년 4월 초청을 받고 전국 순회강연을 한 적이 있어 승낙하고 싶었지만 시기가 좋지 않았다.

2014년 11,12월 한국에서 조카의 결혼, 조카 손녀의 돌잔치 등 집안 행사가 있었고, 또 11월 26일부터 12월 5일까지 북한에 갈 계획이었다. 평양에 있는 수양가족도 만날 겸 최근 개장했다는 마식령 스키장에서 겨울 휴가를 보낼 생각이었다. 토크콘서트 주최 측에 "11월과 12월 사이라면 기꺼이 응하겠다"라고 답했다. 이것이 바로 후일 소위 '종북콘서트'라고 알려진 '통일토크콘서트'에 참가하게 된 연유다.

기획 단계에서 주최 측은 나를 포함 세 사람이 토크콘서트를 하면 좋겠다고 알려왔다. 한 사람은 만난 적은 두어 번 있었지만 개인적으로는 잘 모르는 이로 이름은 황선이었다. 또 다른 한 사람은 만난 적은 전혀 없지만 언론을 통해 너무나 잘 알고 있는 19대 국회의원 임수경 씨였다.

내가 임수경 씨에 대해 처음 들은 때는 그녀가 북한에 불법 입국해 평양서 개최된 '세계청년학생축전'에 참가해 언론에 대서특필됐던 1989년이었다. 당시 나는 미국에서 학위공부를 하고 있었다. 그녀의 방북 뉴스를 듣고 보수적인 성향의 나는 그녀를 꽤나 싫어했다. 그러나 2011년 10월, 태어나서 처음으로 북한을 방문하고 민족과 통일에 관심을 두고 난 뒤부터는 임수경 의원을 좋아하게 됐고, 한때 그녀를 싫어했던 것을 떠올리며 스스로 낯을 붉히기도 했다.

주최 측은 '통일토크콘서트'를 내 스케줄에 맞춰 개최하기로 결정했다고 알려왔다. 남편과 나는 북한 비자 신청과 함께 비행기 일정을 잡았다. 로스앤젤레스→인천, 인천→심양, 심양→평양, 평양→북경, 북경→인천, 인천→로스앤젤레스의 복잡한 일정이었다.

나는 서울 친척들에게 줄 선물과 북한의 수양가족, 그중에서도 태어난 지 한 살이 된 수양손자 주의성(첫째 수양딸 김설경의 아들)에게 줄 선물을 사러 다니느라 매일 몇 시간씩을 백화점에서 보냈다. 그래도 북녘동포들에게는 한국산 제품이 쓰기가 좋겠지만, 혹시 평양 순안공항에서 문제가 될지도 모른다는 생각에 상표를 유심히 살펴보곤 했다.

한참 여행 준비를 하던 중 "북한이 에볼라 전염을 막기 위해 관광객을 비롯한 외국인의 입국을 불허한다"는 뜻밖의 뉴스를 들었다. 나는 뉴욕의 유엔본부에 있는 북한 대표부에 연락해 "혹시 예외적으로 (입국을) 허가해줄 수 없느냐"라고 부탁했지만 허사였다.

"부득이 평양에 가야 한다면 허락해주겠으나 평양 공항 도착 후 21일간 격리 수용된 뒤 이상이 없으면 입국을 허용하겠다"는 대답이 돌아왔다. 우리는 평양 도착 예정일인 2014년 11월 26일 전에 북한 입국 불허조치가 해제될 수 있을 것이라는 희망을 품고 준비를 계속했다.

주최 측에서도 약간의 변경 사항을 알려왔다. 〈통일토크콘서트〉의 일원으로 참석하려던 임수경 의원이 콘서트를 함께 진행하려던 계획을 바꿔 '깜짝게스트'로 참여하게 될 것이라는 소식이었다. 나는 존경하는 임수경 의원과 토크콘서트를 내내 함께하지 못하게 되어 실망스러웠지만 그래도 그녀와 한 테이블에 앉아 잠깐이나마 직접 얘기를 나눌 수 있다는 사실 하나만으로도 대만족이었다.

후일 '통일콘서트'가 문제 되자 임수경 의원은 "국회의 일정 때문에 거절했으며 '깜짝게스트'로 출연할 계획이 없었다"고 언론에 발표했다. 내가 주최 측으로부터 전해 받은 것과는 다른 말이었다. 그러나 '통일토크콘서트'의 포스터에도 '출연 신은미, 황선, 깜짝게스트. 오셔서 확인하세요'라고 쓰여 있듯이 나는 그렇게 알고 있었다.

서울에서의 일정은 상당히 촘촘히 짜여 있었다. 내가 인천공항에 도착하기로 한 날짜는 11월 19일이었는데, 조계사에서 열리는 첫 번째 토크콘서트가 같은 날 열릴 정도다. 그만큼 일정이 빡빡했다.

내가 항상 하는 북 이야기… 어쩌면 이렇게 같을까

로스앤젤레스 공항에서 비행기 탑승을 기다리며 흥분에 휩싸이기 시작했다. 솔직히 말해 서울의 친척들, 그리고 '통일토크콘서트' 주최 측에게는 미안한 얘기지만 나를 흥분시킨 것은, 자주 보는 서울의 친척들이나 토크콘서트가 아니었다. 북한의 수양가족을 만나는 일이었다.

서울에 도착한 나는 숙소에 짐을 풀고 휴식을 취한 뒤 토크콘서트 장소인 조계사로 향했다. 2014년 4월 같은 장소에서 강연을 한 적이 있었다. 당시 사회를 본 사람이 바로 황선 씨였다. 아마 그때가 황선 씨를 두 번째로 만났을 때가 아닌가 생각한다.

2014년 11월 19일 서울 조계사에서 열렸던 '통일토크콘서트' 홍보 웹자보. ⓒ 6·15 남측위 서울본부

나의 북한 이야기는 항상 같은 내용이다. 강연의 요지는 '남과 북의 동 포들은 오랜 역사와 문화를 통해 변하려야 변할 수 없는 민족적 정서를 공유하고 있으며 한 공동체를 이루며 살아가는 데 아무런 문제가 없다' 는 것. '이들은 우리와 얼마나 다르며 이질감의 골은 얼마나 깊을까'라 는 호기심을 갖고 첫 북한 여행을 한 뒤, 이질감은커녕 '이들은 어쩌면 우리와 이렇게 같을까'라고 느낀 내 경험을 북한에서 찍어온 사진들과 동영상을 보여주며 이야기하는 게 전부였다.

많은 청중들이 깜짝 놀라는 것은 말할 것도 없다. 왜냐하면, 그들은 지난 6~7년간 지금까지 북한에 대해 일부 언론사나 TV 방송이 내보내 는 글과 영상만을 접했기 때문이다. 북한 전역에는 시장의 진흙 바닥에 서 강냉이 알을 주워 먹는 '꽃제비'가 들끓고, 북녘동포들이 목숨 걸고 두만강을 건너다 총탄에 맞아 쓰러져 있는 그런 모습들, 여기에 텔레비 전에 출연하는 탈북 동포들이 가세한다. 마치 북한의 동포들은 모두 굶 주림에 시달리며, 북한은 인간성이란 찾아보기 힘든 무지막지한 사회라 고 '증언'한다. 북에서 살다 온 사람들이 말을 하니 남녘의 동포들은 이 를 곧이곧대로 믿고 울분을 터트린다.

북한에 대해 이런 선입견을 갖고 있는 청중들이 '그것이 북한의 전부 가 아니다'라는 것을 알고 놀라는 건 당연한 일일 것이다.

'북한은 지상낙원' 자막과 함께 시작된 마녀사냥

2014년 11월 19일 조계사에서 있었던 통일토크콘서트도 평소에 내가 강연 중 하던 이야기를 반복하는 것에 지나지 않았다. "대동강맥주 맛이 좋다", 4대강 사업으로 인해 오염된 남녘의 강물을 유머를 섞어 '녹조라떼'에 비유하며 "북한은 아직 4대강 사업을 하지 않아 강물이 깨끗하다"는 등의 그런 얘기를 했다. 분위기가 무르익을 무렵, 임수경 의원이 깜짝 등장했다. 임 의원의 갑작스러운 출연에 청중들은 큰 박수로 환영했다. 분위기는 절정에 달했다.

  첫 토크콘서트가 끝난 뒤 그다음 날인지 아니면 이틀 뒤인지 정확히 기억이 나지 않는다. 내가 '북한은 지상낙원'이라고 발언했다는 자막과 함께 내 얼굴이 여러 텔레비전 채널을 통해 나오는 게 아닌가! 나에 대한 '마녀사냥'은 이렇게 시작됐다.

|제2장| 나의 딸이 어찌 악마로 변했느냐!

2014년 11월 21일, 광주광역시 전남대에서 두 번째 통일토크콘서트
가 있는 날이다. 시차 적응이 안 돼 자는 둥 마는 둥 잠을 설치다 아침
에 눈이 떠졌다. 서울에 사는 친정어머니와 하나밖에 없는 언니에게서
카카오톡 메시지가 와 있다.

어제였다. 친정에 들러 보름 후에 있을 큰 조카 결혼식 준비사항을
점검하고, 듬직하게 자란 조카 이야기로 친정어머니와 언니, 그리고 나,
이렇게 세 모녀는 감격의 마음을 나눴다. 언니가 대학에서 시간강사를
하던 시절, 같은 대학을 다니던 나는 학교 한쪽 구석에서 조카의 기저귀
를 갈아주기도 했다. "아이 엄마냐"라는 소리까지 수없이 들어가면서 말
이다.

친정어머니, 그리고 언니와 나눈 지난 이야기들을 다시 떠올리며 메
시지를 들여다보는 순간, 내 심장이 '툭'하고 내려앉았다. 첫 번째 메시

지는 친정어머니에게서 온 것이었다. 눈물을 흘리는 이모티콘 여러 개가 제일 먼저 눈에 들어온다. 어머니는 침침한 눈으로 계속 메시지를 쓰셨을 것이다.

나의 아름다운 딸이 어찌 악마로 변했느냐. 오늘 새벽기도에서 널 위해 기도했다. 예전의 예쁜 너의 모습으로 되돌려 달라고. 왜 그리 정신 나간 짓을 하고 다니느냐. 언제부터 빨갱이짓 하고 다녔느냐. 집안 망신을 이토록 시키고 다니다니. 엄마의 마음이 찢어지도록 아프고 타들어 간다.
당장 사탄 같은 짓 그만둬라. 네가 예전 모습으로 되돌아올 때까지 엄마는 너를 다시는 볼 수 없겠구나. 언제나 너를 다시 볼 수 있게 될는지…. 널 위해 기도할게! ㅜㅜㅜ 엄마.

연이어 언니의 메시지를 읽는다.

은미야! 어제 봐서 반가웠지만, 점점 깊어가는 생각의 다름 때문에 마음의 이야기를 나눌 수 없는 상황이 아프고 힘이 든다. 오늘 새벽, 텔레비전 몇 군데에서 나온 네 얘기를 전해 듣고 이편이 서로 불편하지 않을 것 같아 고심 끝에 전한다.
네가 지금의 활동을 지속적으로 하는 동안 서로 만나지 않고 기도로 중보(기독교에서 하나님과 인간 사이를 화목케 하고 화평을 가져오게 하는 일)하는 것이 좋을 것 같구나. 미안하다. 은미야! 항상 하나님께서 돌봐주시길 기도한다.

여러 방송이 동시에 '지상낙원' 오보를?

아니, 도대체 무슨 일이 벌어지고 있는 건가. 호텔 방에 있는 텔레비전을 켰다. 종편 채널에서 나에 대한 허위보도를 내보내고 있는 것 아닌가! 2014년 11월 19일 조계사에서 진행된 '통일토크콘서트' 자료화면에 '서울 한복판에서 벌어지고 있는 종북콘서트'라는 글귀가 커다랗게 적혀 있다.

조금 지나니 '북한을 지상낙원이라며 찬양 일색'이라는 내용의 자막으로 바뀐다. 엄마와 언니의 당혹스러운 메시지의 출처가 TV조선, 채널A 등의 종편임을 알아차렸다. 전날 낮까지만 해도 아무런 일이 없었는데…. 대체 언제부터 이런 방송이 나간 걸까.

내가 조계사에서 한 '통일토크콘서트'에서 북한을 두고 '지상낙원'이라고 했다고? 나는 이 보도에 분노하면서도 한편으로는 곧 정정보도가 있을 것이라 생각하며 마음을 다스렸다. 그러나 '오보'라고 생각하기에는 미심쩍은 게 있었다. 아니, 어떻게 여러 방송이 동시에 오보를 낼 수가 있단 말인가.

이후 한 종편을 보니 여러 명의 패널이 사회자와 함께 거짓투성이 험담을 쏟아내고 있었다. 사납게 싸우는 듯, 시끄럽게 떠드는 저들이 무슨 말을 하고 있는 것인지. 내 시선은 당장에라도 튀어나올 것만 같은 패널들의 입모양에 머물러 있을 뿐 머릿속은 어수선해 내용이 정리가 되지 않는다. 화면을 꽉 채우고 있는 내 모습이 남인 것 같다. 나처럼 보이지 않는다.

"저는 기꺼이 '종북' 하겠습니다"

넋이 나간 나는 어떻게 광주 통일토크콘서트 준비를 마쳤는지도 모르게 부랴부랴 광주로 가는 고속버스 터미널로 향했다. 택시기사는 룸미러를 통해 나와 남편을 번갈아가며 뚫어지게 쳐다본다. 운전 부주의로 사고가 날까봐 걱정될 정도다. 택시기사 아저씨도 텔레비전에서 나를 본 게 분명하다. 도착한 고속버스 터미널 텔레비전에서도 계속 내 얼굴이 나온다.

엄마와 언니의 메시지는 내 생각의 흐름을 마비시켜 버렸다. 그리고 가슴 속에는 처절한 아픔만이 남았다. 친정어머니와 언니에게 답장을 쓴다.

> 어머니, 걱정을 끼쳐드려 죄송합니다. 그러나 곧 허위보도에 대한 진실이 밝혀질 거예요. 절대로 악은 선을 이기지 못하며, 거짓은 드러나기 마련이라고요. 저는 악의적으로 증오를 조장하는 자들을 오히려 불쌍하게 생각해요. 가족마저도 서로 분열시키는 악한 무리들! 그들이야말로 사탄이요, 마귀들입니다.
> 북한동포들의 살아가는 모습을 내가 본 그대로 알려주고, 우리 민족의 화해와 평화적인 통일을 이뤄 우리 민족이 하나 되는 것이야말로 하늘이 우리에게 바라고 소망하는 축복입니다. 대통령이 말한 '통일은 대박이다'라고 한 것도 종북인지요. 만약 이것이 '종북'이라면 저는 기꺼이 '종북' 하겠습니다.
> 저는 지금 인간이 만들어 놓은 사상·이념이 어머니와 제가 믿는 기독교의 최고 가치인 '사랑'보다도 더 높은 가치로 존재함이 무엇보다 가장 슬픕니다. 예전에는 증오하고 미운 마음에 북한을 향해 진심으로 사랑하려 노력조차

하지 않았고 기도도 하지 않았습니다. 지금은 내 형제 나라인 북한을, 비록 아직도 그들을 향한 내 마음이 애정보다는 애증에 가까운 마음이지만, 그들의 진정한 이웃의 한 사람이 되고자 합니다. 옳다고 믿고 가는 길을 지켜봐 주세요. 저도 어머니와 언니를 위해 기도할게요.

몇몇 언론들이 저를 가지고 허위·왜곡보도하며 음해하는 것은 아무렇지 않습니다. 왜냐하면, 거짓이니까요. 진실은 밝혀질 테니까요. 그런데 저를 가장 슬프게 하는 것은 가족애·인간애·기독교의 사랑마저도 세뇌에 가까운 반공 사상의 벽을 못 뚫고 있다는 현실입니다. 인간이 만들어놓은 사상과 이념 따위의 허상에 스스로 갇혀버린 상황 말입니다.

어머니와 언니의 평강을 위해 저도 기도하겠습니다. 전 걱정 마세요. 잘 이겨내겠습니다. 그리고 진실은 곧 밝혀질 것입니다. 어머니, 사랑합니다. 부끄럽지 않은 딸이 되겠습니다. 곧 다시 뵙게 되길 간절히 기도합니다.

　　은미

만약 언론이 나를 '살인자'라고 보도했어도 내 가족이 사건에 대한 자초지종조차 알아보려 하지 않고 나를 내쳤을까. 그렇게 하지 않았을 것이다. 분명 내 편에 서서 '뭔가 잘못됐다. 내 딸은, 내 동생은 그런 사람이 아니다'라며 나를 보듬어 안아주고 난관을 함께 풀어냈을 것이다. 이렇듯 한국에서 '반공'이라는 것은 가족애를 초월하는, 모든 가치 위에 있는 최상의 가치가 돼버렸다.

북한에 대해 조금이라도 긍정적인 말을 하고 통일을 이야기하면 '종북'인 걸까. 통일을 얘기하면서 북녘을 이해하려 하지 않고 어떻게 화해와 협력을 이룰 수 있다는 말인가. 통일의 대상인 북녘 우리 형제들을 애정의 눈으로 바라보자는 게 '종북'이라면 '종북'이야말로 이 시대를 '선함'으로 이끌어가는 '양심 있는 자들의 정의로운 행동' 아닌가.

일제 강점기 당시, 개보다 못하게 취급하며 우리를 잔인하게 난도질한 일본과도 화해하자며 여러 협정을 맺는데, 왜 우리 한겨레인 북녘의 형제들과 '화해하자' '협력하자'고는 하지 못하는 걸까. '종북'이라는 낙인이 찍히면 상종할 수 없는 사람 취급을 받아야 하는 걸까.

잠시 내 머릿속에 엉클어져 있는 슬픈 생각을 추스를 시간이 필요했다. 아니, 내가 왜 불의한 세력에 의해 움츠러드는가. 악은 선을 이길 수 없으며, 제아무리 '옳음'처럼 포장된 '옳지 않음'도 진정한 '옳음'에 범접할 수 없다는 걸 가슴 속에 되뇌었다.

'어머니, 조금만 절 믿고 기다려 주세요.'

나도 모르게 두 손에 힘이 꽉 쥐어진다.

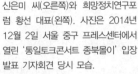

신은미 씨(오른쪽)와 희망정치연구포럼 황선 대표(왼쪽). 사진은 2014년 12월 2일 서울 중구 프레스센터에서 열린 '통일토크콘서트 종북몰이' 입장 발표 기자회견 당시 모습.
ⓒ 오마이뉴스

황선 "예전처럼 혼자 강연했다면 이런 일 없었을 텐데…"

터미널 의자에 앉아 메시지를 보내고 있는 내 옆에 살포시 누군가 앉는다. 황선 씨다. 수심이 가득 찬 얼굴, 두 손에는 음료수 보따리가 들려 있다. 황선 씨는 보따리를 내려놓고는 내 손을 잡는다. 표정에서 그녀가 하고 싶은 말을 읽을 수 있었다. 그녀를 보고 내가 먼저 말을 꺼냈다.

"미안해하지 마세요. 황선 씨도 나와 똑같은 처지잖아요."

"저는 괜찮아요. 제게는 늘상 있는 일이에요. 그런데 신 선생님은 이런 일을 처음 당하시잖아요. 아마 예전처럼 선생님 혼자서 강연을 하셨다면 이런 일은 없었을 텐데…. 선생님은 조국을 잘 모르세요. 이곳에서 제게는 '종북'이라는 주홍글씨가 씌어 있어요."

"지난 4월에도 똑같은 주최 측의 초청을 받았고, 또 같은 장소인 조계사에서 강연을 했잖아요. 당시 황선 씨께서 사회를 보시지 않았나요? 그때는 아무 일 없었잖아요."

"……."

우리는 고속버스에 몸을 실었다. 광주로 가는 버스 안에서 황선 씨는 자신이 살아온 삶에 대해 내게 이야기해줬다. 이 시간을 통해 나는 황선 씨를 조금 더 알게 됐다.

학생 시절 부모님께 눈물의 편지를 써놓고 학생대표로 북녘에 다녀온 이야기, 그 일로 감옥에 갔으며 경찰 간부셨던 아버님의 삶에 힘겨운 고충을 안겨 드려야만 했던 이야기, 남편의 십수 년 수배생활 동안 서로 사랑을 나누고 첩보 영화의 한 장면처럼 결혼식을 올린 이야기, 효도 관광을 위해 만삭의 몸으로 시부모님을 모시고 북한에 다녀온 이야기, '2 시간 여행 거리이니 걱정하지 않아도 된다'는 의사 선생님의 허락을 받고 북녘에 갔다가 관광 중 갑작스러운 진통으로 북에서 둘째 아이를 출산해야만 했고, 그 일로 인해 '계획된 원정 출산'이란 비판을 받게 된 사연 등을 들었다.

"예전의 삶을 돌아보면 그때는 제가 물불 못 가리고 젊음의 열정만 가득했었죠. 하지만 지금은…."

그녀는 긴 한숨을 내뱉으며 말을 멈춘다. 내 눈에 비치는, 이제 마흔 줄에 들어선 그녀는 두 아이의 엄마다. 그리고 한 남자의 반려자이자 평생을 자식 걱정에 한시도 마음 편히 살 수 없으셨던 부모님을 돌보는 효성 지극한 며느리요, 딸이다. 그리고 하나 더 첨가하자면, 그녀는 민족의 화해와 평화 통일을 간절히 염원하는 통일운동가다. 이 정도의 여인에게 '종북'의 굴레를 씌운다면 통일의 염원을 품고 사는 사람들에게 한국은 숨 쉬고 살 수 없는 곳이라 느껴졌다(황선 씨 부부의 기막힌 사연을 다룬 다큐영화 〈불안한 외출〉을 김철민 감독이 2015년에 제작, 발표하기도 했다).

맥주 맛 좋다는 게 국가보안법 위반이라고요?

내가 태어난 대구와는 사뭇 다른 정서를 갖고 있는 광주. 내가 '민족'에 관심을 둔 뒤부터 내 마음속 한 자리를 차지하는 광주. 불법으로 권력을 찬탈한 군인들의 총칼과 군홧발에 무자비하게 짓밟힌 이곳의 어린 학생들, 청년들, 심지어 아낙네들… 지금 우리가 한국에서 민주주의의 열매를 따 먹고 있다면 우리는 광주에 큰 빚을 지고 있다고 생각한다. 우리는 '민주화의 성지'인 광주에 도착했다.

언론이 난리를 치니 청중이 없을 것이라는 내 예상과는 달리 전남대에서의 강연은 성공리에 끝났다. '마녀사냥'이 더해 갈수록 통일에 대한 사람들의 열의는 더 뜨거워져만 간다.

주최 측의 한 분이 귀경길에 동행했다. 광주 고속버스 터미널 텔레비전에서는 여전히 나에 대한 보도가 나오고 있다. 귀를 기울이고 듣는다. 패널들의 비평은 내가 토크콘서트에서 전한 주요 메시지에 대한 게 아니라 이런 것이었다.

"대동강맥주가 맛이 좋다. 북한의 강물이 깨끗하다."

동시에 그들은 내가 국가보안법을 위반했다는 말을 한다. 즉, 북한을 고무·찬양한다는 것이다. 국가보안법 위반이라니…. 나는 속으로 '당신들이 뭐라 하든 대동강맥주는 맛이 좋고, 북녘에 흐르는 강물은 여전히 깨끗하다'고 생각하며 쓴웃음을 짓는다.

한 패널은 "신은미 씨가 말하는 것을 보면 북한은 그야말로 지상낙원입니다"라고 말한다. 아마도 그에게는 맥주 맛이 좋고 강물이 깨끗하면 지상낙원인 모양이다. 그러나 기독교인인 내게는 이 세상 어느 곳에도 지상낙원이란 것은 없다.

칠흑 같은 새벽에 서울로 되돌아온 남편과 나는 무거운 발걸음으로 호텔로 향했다.

|제3장| 조국을 떠나기로 결심하다

텔레비전에서는 여전히 나에 대한 허위 · 왜곡 보도가 밤낮없이 흘러 나오고 있다. 내 모습을 하고 있는 저 '종북 마녀'의 얘기를 그저 남의 얘기인 것처럼 넋을 잃고 바라본다. 곧 정정보도를 내보낼 것이라는 내 예상은 완전히 빗나갔다. 어떻게 이런 일이 벌어질 수 있단 말인가.

오랫동안 외국에 살면서 나는 내가 태어난 한국이 그렇게 자랑스러울 수 없었다. 여러 나라에서 환영받는 한류 때문도 아니요, 경이로운 경제 발전 때문도 아니었다. 세상에는 1인당 국민소득이 한국보다 더 높은 나라들이 많지 않은가.

하지만 우리는 그런 나라들을 모두 선진국이라 부르지 않는다. 내가 나의 모국을 자랑스럽게 생각했던 이유는 바로 한국이 이룩한 민주주의의 발전 때문이었다. 그리고 그 중심에는 자유롭고, 공정하고, 정확한 보도를 하는 언론이 있었다. 그런데 몇 해 전부터 한국의 언론이 변해가

2014년 11월 23일 서울의 한 탈북자 교회에서 간증하는 저자.

고 있음을 감지했다. 그리고 지금 나는 그 변화의 중심에 서게 됐다.

2014년 11월 22일은 시조카 첫 손주의 돌잔치가 있는 날이다. 친정 조카의 결혼식과 함께 서울에서의 중요한 일정 중 하나다. 그러나 갈 수가 없다. 우리 부부를 '악성 바이러스 감염자'처럼 모두들 멀리한다. 기가 막힐 따름이다.

탈북자들과 함께 드린 예배

2014년 11월 23일, 주일이다. 서울의 한 교회로부터 예배 시간에 신앙 간증을 해달라는 부탁을 받았다. 상처받은 마음을 교회에 가서 치유받길 간절히 원하며 예배에 참석했다. 이 교회의 목사님은 북한에서 고

위직에 있다가 남으로 온 탈북자였다. 교회 성도 중 70~80%가 탈북자라고 한다. 우리 모두는 나의 신앙 간증과 함께 예배를 드렸다. 우리는 한마음으로 남과 북이 화평함으로 하나되는 그날을 소망하며 간절히 기도했다. 마음이 한결 평온해지고 힘이 솟는다.

간증 내용은 평소 내가 강연 때 말했던 것과 큰 차이가 없었다. 다만, 일반 청중들을 대상으로 강연할 때는 종교적 편향성을 피하기 위해 신앙 이야기를 하지 않는다. 그러나 오늘은 교회에서 드리는 신앙 간증 예배이기 때문에 지난날 부끄럽게 살아온 내 삶을 반성하는 마음으로 신앙 고백을 했음이 다를 뿐이다.

나는 〈로마서〉 12장과 〈누가복음〉 10장에 있는 성경 구절을 인용하면서 내 신앙체험을 성도들과 나누었다. "서로 화목하라, 네 이웃을 네 몸과 같이 사랑하라, 어려움에 처한 사람의 이웃이 되라"는 말씀을 되뇌면서 내 이웃 속에 북녘동포들은 제외돼 있던 지난날을 회개하는 심정으로 마음을 털어놓았다.

북을 여행한 뒤에야 비로소 북녘동포들이야말로 내가 보듬어 안고 사랑해야 할 내 이웃이요, 내 형제요, 내 민족임을 고백하게 됐다. 눈물을 흘리는 성도들이 보인다. 아마도 두고 온 가족과 고향이 생각나서 그랬으리라.

공작금을 받았다고?

나에 대한 허위 · 왜곡 보도는 날이 갈수록 도를 더해간다. 나를 '간첩'

으로 만드는 모양새다. 내가 "북한을 지상낙원이라고 했다"는 보도에서 시작해 한층 더 나아가 내가 "북한의 지령을 받고 있으며 북한의 3대 세습을 찬양했다"는 데 이른다. 심지어는 구체적인 액수를 거론하며 "공작금을 받았을 것"이라는 발언까지 나온다(현재 나는 이들을 상대로 소송을 진행 중인 상태다).

도대체 이들의 '아니면 말고' 식의 무분별한 보도는 어떻게 나오는 걸까? 소위 언론인이 확인되지 않은 이야기를 하면서 잠이나 제대로 청할 수 있을는지 의문이다. '그렇게 살아갈 수밖에 없는 그들만의 사정이 있겠지.' 이렇게 생각하니 되레 그들이 측은하게 느껴지기도 한다.

2014년 11월 24일엔 서울특별시 광진구 초청으로 강연이 열렸다. 토크콘서트가 아닌 나 혼자 하는 강연이다. 강연장에 가보니 방송국 카메라들이 설치돼 있다. 내 강연장에서 언론사 카메라가 녹화하고, 강연 전후 기자회견을 하는 건 처음이다. 공중파 방송국 한 곳과 종편 등 언론사들이 강연을 취재한단다. 나는 내가 평소에 하던 그대로 가감 없이 강연을 마쳤다.

강연이 끝나고 늦은 시각까지 내가 쓴 북한 기행문의 독자들과 식사를 겸해 많은 이야기를 나눴다. 모국에 와서 모처럼 아름다운 대화를 나누며 즐거운 시간을 보냈다. 그래서인지 편안한 마음으로 잠들 수 있었다.

말로만 듣던 종북몰이

아침. 일어나 텔레비전을 켜보니 '신은미 주체사상을 옹호하다'라는

종편을 비롯한 몇몇 언론사는 신은미 씨가 무슨 말을 하던 간에 '종북뉴스'로 만들었다. © TV조선 갈무리

내용의 뉴스가 나온다. 종편을 비롯한 몇몇 언론사는 내가 무슨 말을 하던 간에 뉴스로 만들어내는 '비상한 재주'를 타고났나 보다. 이 뉴스를 만든 이들에게 부탁하고 싶은 게 있다. 주체사상이 뭔지 내게 알려줄 수 있는지 말이다. 뭘 알아야 옹호도 하고 찬양도 할 게 아닌가.

이것이 말로만 듣던 '종북몰이'인가. '종북'이라는 말의 뜻을 이제야 알 것 같다. 한마디로 '빨갱이'라는 말이다. 그런데 다른 쓰임도 있다. 공산주의자(또는 빨갱이)가 아닌 사람이 북에 호의적으로 비칠 수 있는 (또는 사실대로) 말을 할 경우, 다른 사람이 그 발언을 한 사람을 공격하기 위해 '빨갱이'라는 말 대신에 '종북'이라는 편리한 말을 쓴다.

이런 종북몰이의 배경에는 국가보안법이 있다. '종북'의 특성 중 하나는 점점 범위가 넓어진다는 데 있다. 심지어 세월호 희생자 유족들과 함께 슬퍼하고 행동하는 사람까지도 '종북'의 범위에 속한다.

나는 깨달았다. 한국 사회가 '종북 프레임'에 갇혀있다는 것을. 문제가 된 조계사 통일콘서트에 출연한 국회의원은 텔레비전에 나와 "조계사에 볼일이 있어서 갔다가 우연히 들렀다"라고 말했다. 나는 그의 이 말이 종북 프레임에 걸려들지 않으려고 안간힘을 쓴 것이라고 생각한다. 국민을 대표하는 정치인들이 나서서 통일을 이야기하는 자리에 참석해 격려를 해주는 게 보기 좋은 일 아니었을까. '통일의 꽃'이라 불리는 그 국회의원에게 '통일'은 그의 정치적 자산(political capital)이다. 나는 그가 자신의 훌륭한 자산을 훌훌 털어 버리려 한다는 생각이 든다.

어느 누구도 "너 종북이지?"라는 질문에 "그래, 나 종북이다"라고 반박하지 않는다. 아니, 못한다. 자신은 종북이 아니라고 강하게 주장하지만 오히려 종북의 올가미에 더 깊게 걸려들기만 할 뿐이다. 그러니 사람들은 스스로 자기검열을 한다. 진보를 자처하는 인사들조차 통합진보당 해산 결정을 두고 "나는 그 당에 반대하지만"이라는 전제를 깔고 나서야 "정당해산 심판은 잘못됐다"라고 첨언한다.

이러한 사회 분위기에서 나는 내가 북에서 보고 느낀 것을 있는 그대로 말했다. 그러니 종북몰이를 하는 이들에게 나보다 더 좋은 먹잇감은 없었을지 모른다.

종북으로 모는 사람들에게 "도대체 종북이 뭐냐"고 물어보고 싶다. '내가 본' 북한과 북녘동포들에 대해 이야기하고, 우리 모국의 평화와 민족의 화해·협력 나아가 통일을, 그것도 평범한 민간인이 원하고 이야기하면 '종북'이라는 건가. 그렇다면 '종북'이야말로 멋진 별명 아닌가.

"그래, 난 통일을 염원하고 북녘동포를 사랑하는 '종북'이다!"

조국에 있지만 갈 곳이 없다

예정대로라면 나는 2014년 11월 26일 서울을 떠나 중국 심양을 거쳐 평양으로 가게 돼 있었다. 그러나 에볼라로 인한 북한의 외국인 관광객 입국금지 조치는 여전히 풀리지 않고 있다. 나는 비행기 예약을 취소하고 겨울 북한 여행을 포기할 수밖에 없었다.

서울에서의 다음 일정은 12월 6일부터인데 그 사이 무엇을 한단 말인가. 아무 데도 갈 곳이 없는 남편과 나는 타이완과 말레이시아에 있는 친구들을 찾아 여행이라도 하고 돌아올까 생각해봤으나 지금은 여행을 할 기분이 전혀 아니다.

대신 우리는 기분 전환을 위해 숙소를 바꾸기로 했다. 호텔에서 나와 한 대학 안에 있는 외국인 교수 전용 숙소로 거처를 옮겼다. 남편이 다니던 대학이다. 돌아가신 시아버님도 이 대학 교수셨다.

방이 세 개 있고 부엌이 있는 아파트 같은 곳. 가정집 분위기가 나서 호텔보다 훨씬 좋다. 게다가 이곳은, 남편이 미국에 오기 전까지 어린 시절을 보낸 옛집이 있던 곳에서 몇십 미터 떨어지지 않은 곳이다(남편의 옛집은 현재 흔적조차 남아있지 않지만). 나도 이 대학 근처에 있는 대학을 다녀서인지 친근감이 배가 된다. 남편과 나는 어린 시절을 이야기하면서 한동안 우울한 기분에서 벗어날 수 있었다.

통일토크콘서트에 대한 허위·왜곡보도가 그 수위를 높이고 있던 중 새정치민주연합의 한 국회의원에게서 연락이 왔다. 2014년 12월 4일, 국회서 통일토크쇼를 열자는 제안이다. 그 토크쇼에는 여러 국회의원들도 함께한다고 했다.

나와 가톨릭 신부님 한 분, 그리고 우리를 초청한 국회의원, 이렇게 세 사람이 토크쇼를 진행할 예정이라고 한다. 나는 흔쾌히 동의했다. 그 후 얼마 지나지 않아 나를 초청한 국회의원실에서 연락이 왔다. 부득이 토크쇼 장소를 국회에서 서울 동교동에 있는 '김대중 도서관'으로 변경한다는 것이다. 뭔가 심상치 않은 일이 벌어지고 있는 듯했다.

종편을 비롯한 여러 방송국은 '정부가 신은미 씨의 재입국을 금지할 것'이라는 내용의 뉴스를 연일 내보냈다. 이 뉴스는 나로 하여금 내 어린시절을 회상케 했다. 그리고 출국을 결정토록 만든 계기가 됐다.

나는 민간외교 사절단인 리틀엔젤스의 단원으로 어린 시절의 많은 시간을 해외에서 보냈다. 공연 때문이었다. 혹독한 훈련을 마치고 공연에 나가면 몇 개월씩이나 해외에 머물러야 했다. 공연이 끝나고 무대 위에서 "코리아! 코리아!"를 연발하는 청중들의 함성을 들을 때면 나는 눈물을 펑펑 쏟으면서 그간의 피로를 잊곤 했다.

이렇듯 사랑한 나의 조국이 나의 재입국을 불허할 것이라는 뉴스를 듣고 나는 조국을 떠나기로 결심했다. 나를 원하지 않는 곳에 계속 머무른다는 것은 사랑하는 조국에 대한 도리가 아닌 것 같았다. 나는 '조국을 생각한다'라는 글을 페이스북에 올리면서 김대중 도서관에서의 토크쇼를 마지막으로 출국하겠다는 결정을 알렸다.

▌조국을 생각한다

오늘 아침, 언론을 통해 나의 조국이 남편과 나의 재입국을 금지할 것이라는 뉴스를 접했다. 12월 4일 국회에서의 강연을 마지막으로 떠나려 한다. 더 이상 우리를 원치 않는 조국에 머무른다는 것이 도리가 아닌듯 싶다.

나의 어린 시절이 떠오른다. 나는 리틀엔젤스라는 국가사절단의 자격으로 해외공연을 다녔다. 공연을 가기 위해 수년간의 연습은 물론, 공연을 떠나기 몇 개월 전부터는 집중적인 합숙 훈련도 했다. 훈련 중에는 조그마한 잘못도 용납되지 않았다. '미소를 지을 때는 치아가 몇 개 보여야 한다'는 것까지 철저하게 훈련을 받았다. 공연 내내 항상 미소를 지어야 하기에 공연이 끝나고 나면 얼굴은 미소를 지은 상태로 굳어져 펴지지 않을 정도였다.

단원들의 부모들 또한 우리 못지않은 고생을 감수했다. 나의 어머니는 '딸아이가 나라를 위해 자랑스러운 공로를 세울 것'이라는 생각에 며칠 밤을 새워가며 내가 입을 의상들을 만들고 손질해 주셨다. 어머니께서는 온갖 정성을 들여 한 올 한 올 꿰맨, 눈부시게 화려하고 예쁜 옷을 입고 춤을 출 딸의 모습을 상상하니 힘이 드는지도 몰랐다고 말씀해주셨다.

'리틀엔젤스'는 한 번 공연을 떠나면 7세에서 13세까지의 어린 단원들이 3~4개월씩 집을 비우며 외국에서 공연을 했다. 밤이면 밤마다 엄마가 그리워 호텔 방 이불 속에서 눈물을 흘리곤 했다.

그러나 "국위선양을 위해, 조국을 위해 한다"는 선생님들의 말씀에 견뎌냈다. 마음속에는 자부심과 자랑스러움이 있었다. 1970년대 당시만 해도 남한은 보잘것없는 나라여서 해외에 알릴만한 게 딱히 없었던 기억이다. 우리의 공연이 모두 끝나고 무대에 나와 스탠딩 오베이션을 받을 때, "리틀엔젤스! 리틀엔젤스!"(Little Angels! Little Angels!)라는 함성 속에 "코리아!"(Korea!)라는 소리가 들려오면 눈물을 펑펑 쏟으며 훈련 중 겪었던 모든 고통을 자랑스러움과 뿌듯함으로 떨쳐버릴 수 있었다. 지금도 그 감동은 변함이 없고 앞으로도 나와 함께 영원할 것이다.

지금은 휴대 가능한 한국 음식들이 많이 나와 있고 그 종류도 다양하다. 하지만, 그 시절에는 어머니가 볶아주신 고추장을 빈 커피 병에 담아 보물처럼 여행 가방에 잘 챙겨 다녔다. 공연이 끝나면 호텔 방으로 돌아와 공연평가를 마친 뒤, 단원들끼리 옹기종기 모여앉아 고추장을 밥도 없이 김에 발라먹곤 했다. 아무리 식사 대접을 잘 받고 다녀도 어린 내게 늘 그리운 것은 보고픈 엄마, 아빠, 그리고 한국음식이었다.

우리는 정규 공연 외에 그 나라의 왕궁이나 대통령궁에 가 단 몇 사람만을 위해 똑같은 공연을 반복하기도 했다. 아마 '리틀엔젤스' 단원들 만큼 수많은 세계의 지도자들과 만나 악수를 하고 만찬을 함께한 이들도 세상에 그리 많지 않을 것이다. 장개석 총통, 엘리자베스 여왕, 닉슨 대통령, 인디라 간디 수상, 필리핀의 마르코스 대통령과 그의 부인 이멜다, 이름조차 외우기 힘들었던 태국의 왕 등등 이루 다 헤아릴 수가 없다.

그러나 어린 내가 가장 기쁘고 자랑스럽게 여겼던 만찬은 '박정희 대통령께서 베풀어주시는 귀국 후 청와대 만찬'이었다. 이 모든 것이 '국위선양을, 조국을 위해 하는 일'이었으므로, 누구인지 알지도 못하는 외국의 왕이나 대통령과 하는 만찬보다 우리나라의 대통령께서 '베풀어주신' 만찬이 제일 감격스러운 초청이자 만남이었다.

일시 귀국해 다음 공연 여행을 떠나기 전, 휴가를 이용해 영화관에 가면 가슴이 뭉클해지는 순간을 경험하기도 했다. 그 시절 극장에서는 영화가 시작되기 전에 〈대한뉴스〉라는 정부홍보 뉴스가 먼저 상영됐다. 박정희 대통령에 관한 뉴스를 내보낸 뒤 이어 우리 '리틀엔젤스'의 활약상이 보도되곤 했다. 이를 보고 나서는 또다시 감격의 눈물을 흘렸다.

이런 조국을 떠나 이국땅에 살며 북한여행을 하게 되었다. 그곳에서 나는 가난하지만 아름다운 마음씨를 가진 또 다른 우리의 형제들을 보았다. 그리고 그들이 살아가는 모습을 남녘의 동포들에게 전했다. 그러나 이것이 용납되지 않는다면 떠나는 것이 조국에 대한 도리일 것이다.

비록 몸은 떠나지만 내 마음은 늘 조국을 위해 기도하면서 함께 할 것이다.

|제4장| 남북 지도자 만나서 하고 싶은 말

새정치민주연합의 한 국회의원이 주최하는 통일토크콘서트를 마지막으로 출국하겠다는 소식이 알려지자 그동안 조용히 숨을 죽이고 있던 많은 사람들에게서 연락을 받았다.

언론사와 시사프로그램 출연진, 그리고 필자들을 상대로 무료 소송을 해주시겠다는 변호사님들, 건강 검진과 영양제 주사를 놔주시겠다는 의사 선생님들, 보약을 지어주시겠다는 한의사 선생님, 수행비서를 자원하신 분들, 경호를 담당하시겠다는 분들, 지방의 특산물을 보내시겠다는 분들….

대부분이 내가 쓴 기행문《재미동포 아줌마, 북한에 가다》의 독자들이었다. 정계·학계·언론계·종교계에 계신 분들의 위로의 말과 함께 "지금 이대로 떠나면 안 된다"라는 연락을 받았다. 나는 그런 말을 들을 때마다 눈시울이 붉어질 뿐만 아니라 가슴 속 깊은 곳에서 모국에 대한 사랑을 느낄 수 있었다.

물론 "당장 꺼져!"라는 연락을 받기도 했다. 그러나 그들은 극소수였다. 종편 채널에서는 '신은미 씨가 미국으로 돌아가려고 한다'고 보도했다. 어찌도 내 일거수일투족에 이렇게도 큰 관심을 보이는지…. 평론가로 종편 시사프로그램에 나온 한 여성 변호사는 '드디어 종북 신은미가 자기 죄를 인정하고 꼬리를 내리며 짐을 싼다'는 식의 말을 하기도 한다. 그들이 사용하는 언어를 듣고 있노라면 '방송용'이라는 말이 무색할 정도다.

역시 종편에 등장하는 다른 평론가는 나를 향해 '머리가 아주 좋거나 아니면 머리가 아주 나쁜 사람'이라고 평한다. 나의 발언을 두고 "교묘하게 법망을 피해가고 있으니 머리가 아주 좋거나, 황선 씨 같은 '종북 인사'와 토크콘서트를 한 것을 보면 아주 머리가 나쁘다"고 말했다.

나는 국가보안법을 잘 알지 못한다. 게다가 국가보안법을 의식해 스스로 발언을 검열하지도 않았다. 그리고 내 생각을 말하는 데 있어서 함께한 상대가 누구인지 또한 전혀 개의치 않았다. '눈치를 보며 살아가야 하는 사회'에 사는 가련한 평론가들에게는 아마 내가 그렇게 비친 모양이다.

통일부 Uni TV 다큐멘터리에 출연했는데

2013년 8월, 서울에 왔을 때 통일부에서 연락을 받았다. 통일부 인터넷 방송인 Uni TV가 통일을 홍보하는 다큐멘터리를 만든다는 설명이었다. 그들은 내 여행기와 강연 내용을 중심으로 다큐멘터리 촬영을 하면 좋겠다며 내게 출연을 제의했다. 나는 통일을 염원하는 마음으로 흔쾌히 촬영에 응했다.

그 영상은 내가 '종북몰이'에 휩싸이기 전까지 통일부 누리집에 올라와 있었다. 하지만 소위 '종북 인사'라 불리는 황선 씨와 통일토크콘서트를 한 것이 이슈가 돼자 통일부는 내가 출연한 다큐멘터리를 누리집에서 삭제했다. 그 이유는 '신은미 씨가 그런 사람인 줄 몰랐다'는 것이었다.

2013년 통일부와 다큐멘터리를 촬영했을 당시의 내 발언과 2014년 통일토크콘서트를 할 때의 내 이야기는 다를 게 없었다. 하지만 정부는 '이념적 편향성'을 문제 삼았다.

신은미 씨가 통일부 Uni TV 다큐멘터리에 출연했을 당시 모습. ⓒ Uni Tv 갈무리

그렇다면 같은 말이라도 통일부 관계자와 하면 아무 문제가 없지만 '종북 인사'가 함께한 자리에서 하면 내용이 바뀔 수도 있다는 뜻일까? 그리고 '나'라는 인간의 본질이 달라진다는 말일까? 어이가 없을 뿐이다.

나의 첫 여행기 《재미동포 아줌마, 북한에 가다 – 내 생애 가장 아름답고도 슬픈 여행》은 대한민국 문화체육관광부에 의해 2013년 상반기 우수문학도서로 선정되기도 했다. 그리고 정부는 그 책 1,200권을 사들여 전국 각지의 공공도서관 등에 배포했다. 어쩌면 '우수문학도서 선정'도 곧 취소될지 모른다는 생각이 머릿속을 스쳐갔다.

이런 뉴스를 본 몇몇 지인들은 내게 "지금은 때가 아니니 몸을 낮추고 잠잠히 있다가 때가 되면 그때 다시 목소리를 내라"는 충고를 해주기도 했다. 나를 위한 그들의 마음을 모르는 것은 아니지만, 나는 그 충고를 이해할 수 없었다. 북녘의 산하와 동포들에 대해 이야기하는 것에 특별한 때가 있고 특별한 상대가 있는 건 아니지 않은가.

김정은 제1위원장과의 면담을 요청하고 싶다

나와 남편은 만일의 사태에 대비해 주한 미 영사관에 연락을 취했다. 로베르토 파워스 영사에게서 만나자는 연락이 왔지만 아직 그럴 정도는 아니라고 답했다.

나는 마음 속으로 '곧 출국을 하겠다'는 결정을 서서히 번복하고 있었다. 내가 결심을 번복하게 된 결정적 계기를 제공해준 사람들은 다름 아닌 탈북자 독자들이었다. 그들은 "최근 몇 년간 신 선생님이 전해주는 북녘동포들의 소식을 듣고 사진을 보면서 통일의 그날, 고향 땅을 찾아 갈 그날만 기다리고 있다"며 강연을 계속해 달라는 부탁을 해왔다.

지난해 12월 2일, 나는 프레스센터에서 열린 기자회견을 통해 "남은 강연을 마치고 원래 예정했던 날에 출국하겠다"라고 발표함과 동시에 박근혜 대통령과의 면담을 요청했다. 물론 만나줄 것이라는 기대는 하지 않았지만, 후일 돌아온 박 대통령의 대답은 '종북콘서트'라는 말뿐이었다.

행여 내가 정말 박근혜 대통령을 만나게 되는 '행운'을 얻는다면 나는 다음과 같은 말을 하려고 했다.

"북의 동포들은 오랜 역사와 문화를 통해 이뤄진, 변하려야 변할 수 없는 민족적 정서를 그대로 간직하고 있습니다. 우리와 함께 하나의 공동체를 이루고 살아가는 데 아무런 문제가 없다고 생각합니다. 대통령께서 말씀하신 '통일은 대박'에 백 번 공감합니다. 우리 민족이 안고 있는 비극적 분단이 해결되려면 지도자의 결심이 필요합니다."

나는 머지않아 수양가족들을 만나러 북한에 갈 것이다. 북한에 가면 '김정은 국방위원회 제1위원장을 만나게 해달라' 하고, 똑같은 요청을 할 작정이다. 한낱 해외동포 관광객에 불과한 나를 만나주지도 않을지라도 나는 만남을 요청할 것이다.

수행비서를 자청한 대구 남자

나는 '소송의 천국'이라는 미국에 살고 있지만 배심원 자격으로 법정에 간 것 이외에는 단 한 번도 법정에 서본 적이 없다. 그런데 한국에 와서는 소송을 시작했다. 여러 변호사의 도움을 받아 나를 '종북' '북한의 지령을 받는 사람' 등이라 칭하며 마녀사냥과 같은 보도를 하는 소위 '보수언론', 그리고 그곳에 출연한 패널들, SNS 상에서 온갖 막말을 해댄 사람들(상당수가 신원 불명이었다)을 상대로 한 소송이다.

나를 돕겠다고 자원한 여러분들 중 수행비서를 하겠다는 분의 도움을 받기로 했다. 언론사와 독자에게서 오는 많은 양의 메시지를 우리 부부가 감당할 수 없었기 때문이었다. 특히 언론사가 문제였다. 대체 어느 언론사가 공정하고 정확한 보도를 하는지 아는 게 거의 없었다. 나도 언론을 통해 진실을 밝히고 싶었지만, 이미 허위보도로 곤욕을 치르고 있는 상황이라 여간 조심스러운 게 아니었다.

나는 미국에 있을 때 한 종편 채널과 북한을 소개하는 인터뷰를 여러 차례 한 적이 있다. 그 방송은 인터뷰와 함께 내가 제공하는 사진과 동영상을 내보냈다. 나는 그 프로그램의 제작진과 아주 좋은 관계를 유지하고 있었다. 그런데 지금 그 방송이 나를 비난하는 데 앞장서고 있는 게 아닌가.

상황이 이러하니 나의 불신은 극에 달했다. 그 어떤 언론사도 믿을 수 없었다. 심지어는 내 기행문을 내보냈던 〈오마이뉴스〉도 언젠가는 내게 화살을 돌릴 수도 있겠다는 생각이 들기도 했다.

내 수행비서를 자청한 분은 나와 동향인 대구 출신의 30대 초반 남성이었다. 내가 이 분의 도움을 받아들이기로 하자 주변에서는 "그가 어떤 사람인줄 알고 그러느냐"며 극구 만류하기도 했다.

사람의 눈을 보면 진실을 알 수 있다. 내가 이 분을 처음 만났을 때난 그의 눈에서 진심을 읽을 수 있었다. 난 이 사람을 믿었다. 그리고 내 판단은 옳았다. 이분은 내가 강제출국을 당하는 마지막 순간까지 나와 함께한 고마운 분이었다. 이별의 순간 내가 마지막으로 본 것도 눈물이 맺힌 그의 선한 두 눈망울이었다.

'끝장토론' 하자는 탈북자들

내가 출국 결정을 번복하며 예정대로 토크콘서트를 모두 마치고 미국에 돌아가겠다는 기자회견을 하자, 2014년 12월 3일 종편 채널에 자주 출연하는 탈북자들이 내게 '끝장토론'을 제안하는 기자회견을 열었다.

나는 기자회견에 나선 탈북자 중 이순실이라는 사람을 금세 알아볼 수 있었다. 왜냐하면, 그녀는 내가 북한에서 들은 이야기를 확인시켜준 사람이었기 때문이다.

2011년 첫 북한 관광 중 남편이 안내원에게 "탈북하다 잡히면 수용소에 가거나, 심하면 사형까지 집행한다고 알고 있다"고 말하자 안내원은 "그건 공화국에 대한 악선전입니다, 여러 번 탈북한 사람도 있는데 형벌이 그렇게 무섭다면 어떻게 그럴 수 있겠습니까"라고 답변했던 것을 들은 적이 있다(관련 기사 : 헉! 큰일났다, 남편이 '탈북자' 얘길 꺼냈다, 〈오마이뉴스〉, 2012년 6월 25일).

"아홉 번 붙잡혀 북송당한 끝에 열 번 만에 (탈북에) 성공해 한국에 왔다"는 이순실 씨의 말을 듣고 북한 안내원의 말이 사실일 수도 있겠다는 생각을 하기도 했다.

이들 탈북자들의 기자회견 요지는 "우리들은 지옥 같은 북한에서 탈출해 왔는데, (당신은) 북한을 지상낙원이라고 하니 어디 끝장토론을 한번 해보자"는 것이다.

나는 이 소식을 듣고 한 가지 분명한 사실을 깨달았다. 허위·왜곡보도를 하는 언론사들과 그곳에 출연하는 평론가들, 그리고 기자회견을 한 탈북자들 모두 내 강연이나 토크콘서트를 들어본 적 없음이 분명하다는 사실 말이다.

이들은 나의 북한 기행문 《재미동포 아줌마, 북한에 가다》의 서문조차 읽어보지 않은 듯하다. 나는 서문에 이렇게 썼다. "제게 '북한은 어떤 나라냐'고 물으면 저는 이렇게 대답하곤 합니다, '아름다운 사람들이 사는 가난한 나라'라고."

그저 이들은 내가 '북한을 지상낙원이라고 했다'는 종편의 날조된 보도를 듣고 부화뇌동하고 있다고밖에 느껴지지 않았다. 후일 경찰도 "통일토크콘서트에서 '지상낙원'이라는 발언은 없었다"라고 발표하지 않았는가. 이런 상황 속에서는 토론 자체가 성립될 수 없었다.

내게는 이 탈북자들을 비난하고 싶은 마음이 없다. 내게는 북한에 살고 있는 주민이나 탈북자들이나 모두 한 동포일 뿐이다. 그리고 탈북자들이 북한에서 겪었다는 고통은 '남의 일'이 아닌 '우리의 일'인 것이다 (관련 기사: '부부바위 본 김정일 위원장, 이런 농담까지 했다니' 〈오마이뉴스〉, 2013년 11월 28일).

그런데 '끝장토론'을 제안한 탈북자들은 내가 한 말이 자신들의 명예를 훼손했다며 문제삼기도 했다. 그들이 문제삼은 말은 내가 강연 중에

한 말, "내게 연락을 해온 탈북자들 중 70~80%가 북으로 다시 돌아가고 싶어한다"는 말이었다.

|제5장| 북으로 돌아가고 싶어하는 탈북자들

2014년 12월 3일 열린 탈북자 기자회견의 요지는 나에 대한 비판과 더불어 내가 탈북자들의 명예를 훼손했다는 것도 포함돼 있었다. 나는 통일토크콘서트를 진행하면서 "내게 연락을 해오는 탈북자들 중 70~80 퍼센트가 북으로 다시 돌아가고 싶어한다"라는 발언을 했다. 기자회견을 연 탈북자들은 "이는 탈북자들에 대한 모독"이라고 주장했다. 그리고 그들은 12월 11일 나를 명예훼손으로 고소했다.

북한 기행문을 연재하고 책까지 내다보니 나는 많은 탈북동포에게서 연락을 받았다(물론 연락은 지금까지도 이어지고 있다). 그런데 내게 연락을 해오는 탈북자 열 명 중 여덟은 "북으로 돌아가고 싶다"라고 말하곤 했다.

탈북동포들에게서 "돌아가고 싶다"라는 말을 들을 때마다 나는 몹시 당황했다. '남과 북의 동포들은 한 공동체를 이뤄 살아가는 데 아무런 문제가 없다'는 내 믿음이 흔들렸기 때문이다. 그런 말을 들을 때마다

'남과 북의 동포들은 공존하기 위해 근본적으로 필요한 민족적 정서를 공유하고 있지 않다, 결국 통일은 한낱 꿈에 불과한 것인가'라는 의구심이 고개를 들었다. 탈북동포들이 남한에서 누리는 삶이 아무리 힘들다고 해도, 내가 본 북한의 경제적 빈곤과는 비교할 수 없을 만큼 좋기 때문에 더더욱 의문이 들었다. 남한에서 최하층의 삶을 사는 탈북자의 경제적 형편은 나의 상상 이상으로 고달플 수도 있다는 생각도 해본다.

탈북자들이 북에 돌아가고 싶어하는 이유

나는 북으로 돌아가고 싶은 이유가 무척 궁금해 묻지 않을 수 없었다. 그들이 북에 돌아가고 싶은 이유는 '민족적 정서를 느끼지 못해 어울릴 수 없다'는 게 아니었다. 즉, 이질감 때문은 아니라는 이야기다. 이유는 그리 복잡하지 않았다.

첫째, 고향과 가족을 비롯해 두고 온 사람들이 그립기 때문이다. 누구에게나 그렇듯 그들에게도 경제적 풍요를 초월하는 가치가 있기 마련이다. 둘째, 그들이 남한에서 느끼는 상대적 빈곤과 사회적 차별 때문이다. 어쩌면 그들에게는 이것이 한때 경험했던 절대적 빈곤보다 더 무섭게 느껴졌을지도 모른다.

"북한에서의 생활은 지옥 같았으며 남한에서의 생활이 얼마나 행복한 줄 모른다"고 말하는 일부 종편 출연 탈북자들의 말만 듣고 우리는 많은 탈북동포들의 현실을 모르거나 외면하고 있는 것 아닐까. 조국의 평화적인 통일과 민족의 진정한 화합을 원한다면 "북으로 돌아가고 싶다"

는 탈북동포들의 말에도 귀 기울여야 한다고 생각했다.

첫 북한 관광 이후 나는 유튜브로 탈북자들이 출연하는 영상을 많이 찾아봤다. 그들이 방송에 나와 하는 말들 중 북한의 경제적 결핍에 대해선 나도 많은 부분 동감했다. 물론 과장된 부분이 많이 있긴 하지만 말이다. (관련 기사 : 문경환, '이만갑' 폐지 서명운동이라도 하고 싶다, 〈오마이뉴스〉, 2015년 2월 19일)

그러나 일부 프로그램에 출연하는 탈북자들의 말과 내게 연락을 해온 탈북자들의 말 사이에는 크나큰 괴리가 존재한다. 또 내가 판단해봐도 TV 속 탈북자들의 말에 신빙성이 없는 것들이 많이 있기도 하다. 심지어는 채널A 〈이제 만나러 갑니다〉(이만갑)에 출연한 유명 탈북자조차도 내게 "탈북자들의 말에 신경 쓰지 말고 생생한 평양 이야기를 들려달라"는 메시지를 보내왔다. 또 '탈북자들의 거짓 증언을 반대하는 서명운동을 할 것'이라는 탈북자도 있었다.

내가 한국의 검찰과 경찰에서 조사를 받을 당시, 담당 검사는 내게 "탈북자들과 주고받은 이야기들을 보내줄 수 있느냐"고 물었다. 아마 기자회견을 한 탈북자들이 나를 명예훼손으로 고소했기 때문이 아닐까 싶었다. 나는 변호사를 통해 탈북자들의 개인정보를 가린 뒤 모두 검찰에 제출했다. 다음은 검찰에 제출한 대화 중 일부다.

"TV 출연 탈북자들의 증언… 신경 쓰지 마세요"

'이만갑' 출연 탈북자 : "선생님의 글을 읽고 너무 가고 싶은 고향 이야

채널A에서 방송 중인 탈북자 출연 예능프로그램 <이제 만나러 갑니다>(이만갑) ⓒ 채널A 갈무리

기라 아예 책을 사서 읽었습니다. 어쩜 그렇게 생동하게 표현을 잘해주셨는지요. 정치에 관여치 않은 글을 보면서 '이런 글들이 정말 필요하고, 이런 시각이 필요한데'라는 생각을 해봤습니다. 정말 잘 읽었고, 내 고향 ○○에 갔다 온 것만 같습니다. 평양에 못 가본 일부 탈북자들의 이야기에 너무 신경 쓰지 마시고 생생한 평양 이야기 앞으로도 부탁드립니다. 감사합니다."

탈북자 1 "북한은 제가 태어난 곳이고, 저의 부모형제가 사는 곳이기도 합니다. 그런데 언론에서 마치 북한을 마귀 집단처럼, 북한 사람들을 인간이 아닌 것처럼 이야기할 때면 분노가 터진답니다. 저 같은 힘없는 사람들을 위해 대변해 주시는 선생님이 고맙습니다. 힘내시고요. 필요하시면 제 주위에 많은 탈북자들과 선생님 응원해드리고 인터뷰도 해드리겠습니다.

(제가) 하고 싶은 말은요. TV에서 탈북자들의 거짓 증언과 (대북) 전단

살포가 탈북자들의 대한민국 정착에 얼마나 나쁜 영향을 주고 있는지 등입니다. 이 문제는 탈북자들 90%가 반대한다고 해도 과언이 아닙니다. 필요하시다면 언제든 도와드리겠습니다.

선생님, 대한민국이 싫어 선진 유럽으로 떠나간 탈북자들이 3천여 명이 됩니다. 이 사실을 정부도 잘 알고 있습니다. 살기 힘들어 자살하는 탈북자들도 여러 명 되지만 보수 세력은 이를 숨기고 몇몇 탈북자를 매수해 정치적으로 이용하고 있습니다. 우리는 알고 있답니다. 이런 작은 일도 언론에 이야기하십시오. 이것은 거짓이 아니고 사실입니다. 선생님의 말씀이 가슴에 와 닿습니다. 눈물이 납니다. 조만간 탈북자들의 거짓 증언에 반대하는 서명운동을 할 겁니다."

탈북자 2 "고향을 버리고 왔어도 자고 나면 고향이 그립습니다. 이제 나이가 들어가면서 내가 살아온 나날들이 행복했다는 것을 느끼고 있습니다. (북한 사람들은) 가식이 없고 깨끗한 사람들입니다. 어떤 정치적 이해관계도 없고 돈에 환장한 사람도 없습니다.

(TV에 출연하는 일부 탈북자들은) 돈에 야욕이 많은 사람들입니다. 어쩔 수 없죠. 자본주의 국가에서 살아가니… 본성은 착한데 외부 영향을 받아서인가 봅니다. 북한이 잘살게 돼도 남한처럼 되기는 어려울 것입니다. 주체성을 밥으로 생각하는 사람들이기 때문입니다.

북한에 사는 그들도 소중한 삶이 있고 통일을 가슴 아프게 그리고 있습니다. 우리 역사, 우리 문화, 우리 핏줄을 사랑합니다. 더욱 소중한 것은 우리말과 글을 사랑한다는 점입니다. 미래의 희망입니다. 저는 분단

상황을 어떤 방법으로든 끝내야 한다고 생각합니다. 그래서 고향 사람들에게 미안합니다. 앞으로 통일조국의 미래를 위해 힘써주세요. 탈북하신 분들이 고향을 너무 안 좋게만 이야기하셔서 남한사람들은 저를 썩 안 좋게 생각합니다."

저는 세 번 잡혔고 네 번 나왔어요

탈북자 3 "한국행을 하게 될 줄은 꿈에도 생각 못했습니다. 지금 생각하면 가족을 다 잃고 제가 얻은 것이라고는 후회뿐입니다. 나름 열심히 노력해서 돈 배낭 메고 고향 갈 날을 손꼽아 기다리면서 많이 배우고 돈도 짬짬이 벌고 있습니다.

저는 선생님의 기행문이 사실이라는 것을 알기 때문에 탈북자들이 선생님들을 비판하는 것을 용납할 수 없습니다. 비록 고향땅을 떠난 대한민국에 살고 있지만, 사실마저 부정하면서 살면 안 된다는 것을 잘 압니다."

탈북자 4 "사는 게 힘들고 머리 아파요. 한국인들과도 안 맞네요. 비위 맞추면서 살기 힘든 곳입니다. 직장에 가도 사람들 시선이 영 좋지 않더라고요. 삐라(대북 전단) 뿌리는 탈북자 단체 등을 보면, (비록) 저는 고향에서 나왔지만 이곳에서 자존심도 상하고 기분도 안 좋아요. 언제 돌아갈지는 아직 정하지 않았지만, 동남아시아로 해서 조선영사관으로 해서 (북한에) 돌아갈 생각을 하고 있어요. 강냉이 먹더라도 마음 편하게 고향에서 가족들하고 사는 게 편할 것 같네요.

제가 중국에 살다가 자수하고 고향에 돌아갔다가 노동단련대라는 곳에 갔었어요. 거기서 한국 국적의 탈북자가 중국에 여행 왔다가 잡혀 왔어요. 애까지 데리고 말이죠. 한국 아이가 같이 왔는데 아무 제재도 없더군요. 그리고 나서도 몇 명을 봤는데 아무 문제 없었어요. 노동단련대는 1개월부터 최장 6개월 정도 노동으로 정신교육 받는 곳이라고 생각하면 됩니다. 저는 세 번 잡혔고 네 번 나왔어요. 두만강을 수없이 들락날락했어요."

탈북자 5 "저는 2006년도 북에서 나온 유럽 국적 탈북자입니다. 북한은 제가 태어난 땅입니다. 순간 잘못된 환상과 잘못된 선택을 후회합니다. 잘못된 선택으로 조국에 죄인이 됐습니다. 제 고향은 함경북도 ○○입니다. 매일 밤 가족들이 보고 싶어 눈물로 밤을 보냅니다. 이제라도 조국에서 후회없이 살고 싶어요.

조국을 떠나면 돈을 많이 벌 수 있을 줄 알았는데 세상 자체가 너무 힘들어요. 북에 가고 싶어도 돈을 벌어서 가야죠. 빈손에 어찌 고향에 갑니까. 선생님이 북에 가서 제가 유럽에 산다고 우리 가족에게 이야기하시면, 다음에 제가 돈을 벌어 북에 가도 불이익은 안 당합니다. 탈북자들 언어 살인에 속지 마세요."

이외에도 탈북자들이 보내온 사연은 많다. 여기에 실은 것은 그나마 지면에 공개하기 적절한 것들이다. 북한을 두고 '끝장토론'을 하려면 TV에 출연하는 탈북자들과 내게 연락을 해온 탈북자들 사이에서 하는 편이 훨씬 설득력이 있을 것이라고 생각했다.

보수단체 압력에 무산된 김대중도서관 토크콘서트

통일토크콘서트를 주최하겠다는 새정치연합 소속의 국회의원에게서 연락이 왔다. 우려한 바대로 김대중도서관에서도 장소 대여를 꺼리는 것 같다는 이야기였다. 토크콘서트를 진행하지 못하게 하는 압력이 있음이 느껴졌다. 대체 누가 '국민이 주인'인 국가에서 '국민을 대표하는' 국회의원에게 압력을 가하는 걸까?

주최 측은 매우 난감해 하며 현재의 상황을 내게 전달했다. 토크콘서트가 열리는 당일에 몇몇 극우 보수단체에서 행사를 반대하는 집회를 비롯해 무력행사나 기물파손도 감행할 것이라는 이야기도 덧붙였다. 나는 "저로 인해 다른 사람이나 단체에 손해를 끼치고 싶지 않다"라는 말로 정중하게 토크콘서트 개최를 사양했다. 그리고 '종북몰이' 속에서도 온갖 비난을 견뎌가며 토크콘서트를 성사하려고 한 이 국회의원에게 경의와 함께 고마움을 전했다.

나는 주최 측에 나머지 일정을 물었다. 이제 대구, 전주, 부산이 남았다고 한다. 이미 토크콘서트 티켓이 많이 팔렸으며, 구매한 분들에게서 '어떻게 해서든지 토크콘서트를 강행해야 한다'는 요구가 빗발친다는 말을 전해 들었다. 주최 측은 내게 어떻게 하겠느냐고 물었다. 나는 강단을 떠나기 전까지 학생들을 가르치는 선생이었음과 동시에 노래를 부르는 사람이었다. "가수는 단 한 사람의 청중이 있어도 노래를 부른다"라는 말로 답을 대신했다.

주최 측은 대구, 전주, 부산 세 군데 모두 대관 장소에 문제가 생겼다는 말도 전했다. 그래서 새로운 장소를 물색 중이라고 했다. 전주의 경우, 토크콘서트 개최 자체도 불투명했다. 그런데 다행히 익산에 있는 한 대학교수가 전주 대신 다른 곳에서 토크콘서트를 열 수 있다는 제안을 했다고 한다. 이것이 후일 '익산 통일토크콘서트 사제 폭발물 테러사건'으로 알려진 바로 그 콘서트였다.

|제6장| 익산서 터진 '사제 폭발물 테러'

지방 강연을 떠나기 앞서 내 기행문《재미동포 아줌마, 북한에 가다》를 낸 출판사 사장님이 인사차 찾아왔다. 위로의 말과 함께 좋은 소식도 전해준다. 책이 잘 팔린단다.

일부 언론의 허위보도만 아니었다면 그저 몇백 명이 모인 장소에서 조용히 '그들만의 토크콘서트'로 끝날 일을 되레 더 널리 선전해준 셈이다. 내 북한 기행문이나 통일토크콘서트에 대해 전혀 모르고 있던 사람들마저 관심을 보이면서 책을 구입한다는 게다.

이번 모국 방문의 원래 목적이었던 친정 조카 결혼식날이 밝았다. 하지만 나와 남편은 갈 수 없었다. 물론 내가 결혼식장에 나타난다고 해서 가족이 나를 밀쳐버리지는 않을 것이다. 그러나 하객들을 놀라게 하거나 당황하게 만들어 결혼식을 망쳐서는 안될 일 아닌가. 조카와의 지난날들을 되새기며 홀로 조용히 눈물만 흘릴 뿐이다.

"종북 신은미는 북한으로 가라!"

2014년 12월 8일, 대전의 한 시민단체에서 나를 초대했다. 행사 중간에 내가 간단히 인사말을 하는 순서가 있었다. 1시간 전쯤 행사장에 도착하자 입구에는 벌써부터 보수단체 회원들이 피켓을 들고 큰소리로 시위를 한다.

"종북 신은미는 북한으로 가라"는 소리가 내가 있는 커피숍까지 메아리친다. 북한은 누구든지 가서 살겠다고 하면 다 받아주는 그런 나라던가? 아니다. 가서 살고 싶어도 그럴 수 없는 나라가 바로 북한이다.

행사 시각이 임박해오자 주최 측 실무자가 눈물을 글썽이며 허겁지겁 달려와 말문을 연다.

"선생님, 어쩌면 좋죠? 장소를 빌려준 건물 측에서 선생님께서 장소에 나타나시면 건물 전체에 전기를 끊겠다고 합니다. 지금 사정을 하고 있는 중인데…. 어쩌면 좋아요, 선생님…."

"아, 그렇군요. 제가 주연이 돼 열리는 행사도 아닌데, 저 때문에 중요한 모임이 파탄 나면 안 되죠. 저는 모임에 참석하지 않겠습니다. 가셔서 행사 잘 치르도록 하세요."

눈물이 글썽글썽한 주최 측 사람과 긴 포옹으로 아쉬움과 서글픈 심정을 나누고 쓸쓸한 마음으로 자동차에 올랐다.

내 고향 대구 찾았지만, 나를 맞은 건 바로 시위대

2014년 12월 9일, 나는 다음 토크콘서트를 위해 내 고향 대구로 향했다. 이곳에서 태어나 비록 여섯 살 때까지밖에 살지 않았지만, 대구는 영원한 나의 고향이다. 어린 시절의 추억을 떠올리며 미소를 짓고 도착한 대구에서 나를 반겨준 것은 다름 아닌 시위대였다.

원래 강연은 경북대학교에서 열릴 예정이었다. 하지만 경북대는 대관을 허락하지 않았다. 다행히 동성아트홀이라는 한 독립영화관이 흔쾌히 대관을 승낙했다고 한다. 입구에는 소위 '보수단체' 회원들이 피켓을 들고 시위를 하고 있다.

아수라장이다. 스피커에선 "기쁨조 신은미는 북한으로 가라"는 말이 나온다. 어떤 이는 스프레이에 불을 붙여 화염을 내뿜기도 한다. 툭 하면 물대포를 맞고 연행되는 노동자·농민들의 시위와 달리 이들 '보수단체' 시위대는 어디를 가나 보호를 잘 받는 모양새다. 겨우 강연장으로 들어갔다.

강연 전 기자회견을 마치고 극장 안에 들어오니 시간이 다 됐음에도 객석이 텅 비어있다. 사정을 알아보니 강연장 입구에서 입장을 방해하는 보수단체의 행패 때문에 사람들이 들어오지 못하고 있단다. 이렇게 또 무산되나 생각하던 찰나, 사람들이 한꺼번에 우르르 줄지어 들어오더니 객석을 가득 메운다. 관객들이 '007 작전'을 방불케 하듯 극장 뒷문으로 순식간에 들어왔다고 전해 들었다.

'통일토크콘서트'는 언론의 허위보도와 종북몰이가 심해지면 심해질수록 더욱 뜨거운 열기로 불타올랐다. 극장 측에 의하면 개장 이래 최다 관객이 입장했다고 한다. 모두가 한마음이 돼 민족의 화합과 조국의 평화통일을 염원하는 감동적인 순간을 만끽했다. 나는 북녘의 수양딸들에게 보내는 편지를 낭독한 뒤 북한 노래 〈심장에 남는 사람〉에 내 마음을 담아 '통일토크콘서트'의 마지막을 장식했다.

남매 탈북자와의 만남, 눈물만 글썽

강연장을 나와 뒤풀이 장소로 가는 도중에 운전하시던 분이 갑자기 차를 세운다. 우리가 미행당하고 있다고 한다. 승용차 한 대와 택시 한 대가 우리를 미행했다. 차에서 내린 주최 측 사람들이 뒤따라오던 차량을 세우고 항의하면서 그들의 사진과 영상을 찍는다. 미행하던 차량에 앉아있던 사람들은 아무런 대꾸도 하지 않은 채 잠자고 있는 시늉만 한다.

뒤풀이 장소에 도착하니 많은 환영 인파로 앉을 자리조차 없다. 이분들 중 특히 내가 반가워했던 사람은 다름 아닌 중년의 탈북자 남매였다. 오빠 되시는 분이 인사를 한다.

"안녕하세요. 정말 수고가 많으십니다. 저는 ○○○이라고 합니다. 선생님께서 전해주시는 고향 소식을 가슴을 에는 듯한 감동으로 들었습니다. 북녘의 동포들에 대해 올바르게, 있는 그대로 알려주셔서 감사합니다."

"와주셔서 고맙습니다. 제가 이번에 예정돼 있던 강연을 끝까지 마치고 돌아가기로 결심한 것도 북에서 오신 여러분들의 격려 때문이었어요."

내 말이 끝나자 이분의 여동생이 내 손을 슬며시 잡는다. 서로 두 손을 맞잡은 채 아무런 말도 없이 일순간 눈물만 글썽인다. 비록 몸은 북한을 떠났지만 마음만은 고향에 두고 살아가는 분들일 게다.

58

뒤풀이를 마치고 남편과 나는 대구의 한 독자 댁으로 갔다. 대학에서 학생들을 가르치며, 시민단체도 이끌고 있는 이 독자는 "호텔은 위험하다"면서 자신의 집으로 가자고 제안했다. 지금 돌이켜보니 너무나도 많은 분들께 사랑을 받았고, 신세를 졌다.

내 고향 대구에서의 따뜻했던 시간을 보내고 전라북도 익산으로 향한다. 원래 통일토크콘서트는 전주에서 하기로 돼 있었지만, 주최 측이 강연장 마련에 전전긍긍하자 원광대의 이재봉 교수님께서 원광대에서 통일토크콘서트를 열자고 제안했단다.

하지만 원광대마저도 문제가 생겼다. 대학 측에서 토크콘서트 개최를 반대한다는 것. 사회과학대 학장이신 그 교수님은 학장직 사표를 내면서까지 개최를 주장했다고 한다. 결국에는 익산의 한 성당이 강연장으로 결정됐다. 이토록 토크콘서트를 성사시키고자 혼신을 다한 분이 바로 '사제 폭발물 테러사건'으로 화상을 입은 원광대 정치외교학과 이재봉 교수님이다.

'불덩이'를 들고 걸어 나오는 청년

강연장이 있는 익산의 신동성당에 도착했다. 그곳에도 언론사 기자들이 있었고, 시위대가 강연장 입구를 막아섰다. 주최 측의 경호를 받으며 강연장에 들어섰다. 기자회견을 마치고 토크콘서트 준비를 하고 있는데, 주최 측 스태프 한 분이 의아한 표정을 지으면서 "밖에 소방차가 와 있네"라는 말을 한다. 지금까지 모국에서 수십 차례 강연을 해봤지만 강연장에 소방차가 와서 대기하고 있는 건 처음이었다.

강연장이 꽉 차 더 이상 앉을 자리가 없자 주최 측은 벽으로 사용하던 접이식 칸막이를 밀어내고 강연장

화재는 곧 진화되었으나 사제폭탄을 막다가 화상을 입은 행사 스태프 등 강연장에 있던 3명이 병원으로 후송되었다.

2014년 12월 10일 한 고3 학생이 신은미·황선 토크콘서트 현장에서 인화물질을 터트려 2백여 명이 대피하는 소동이 벌어졌다. 이 사고로 3명이 부상당했다. 사진은 인화물질 폭발 당시의 동영상 화면을 캡처한 것. ⓒ 주권방송

바깥까지 의자를 배치했다. 의자도 연단 바로 앞까지 배치했다. 예상했던 것보다 세 배나 많은 관객이 왔다고 한다.

강연이 시작되고 40~50분쯤 지났을 무렵, 앞에 앉은 한 청년이 질문을 하려는지 자리에서 일어선다. 조금 전까지만 해도 이 청년의 자리엔 중년 남성이 앉아 있었던 기억이다. 그런데 청년이 질문을 하기 얼마 전, 그 중년 남성이 청년에게 좌석을 인계한 뒤 나간 것으로 기억한다. 얼굴이 벌겋게 달아오른 청년이 내게 질문한다.

"북한을 지상낙원이라고 했다면서요?"

"네? 저는 그런 말을 한 적이 전혀 없습니다."

이 청년은 계속해서 내가 "북한을 지상낙원이라고 하지 않았냐"라며 같은 질문을 반복한다. 스태프가 원만한 행사 진행을 위해 "나중에 기회를 드릴 테니 그때 질문을 하시라"며 그 청년을 자리에 앉혔다.

그리고 불과 몇 분, 아니 몇십 초 지났을까…. 그 청년이 불덩이를 들

고 앞으로 걸어 나오고 있는 게 아닌가. 순간 음향을 담당하던 분이 그 청년을 향해 달려가 몸으로 불덩이를 막아냈다. 폭발물이 바닥에 떨어지며 화염을 일으키더니 장내는 불길과 함께 하얀 연기로 가득 찼다. 안갯속에 갇힌 듯이 한 치 앞이 보이지 않았다. 게다가 냄새도 심하다. 방향감각을 잃은 나는 그 자리에 서서 한 발자국도 움직일 수 없었다.

정신을 잃고 서 있던 나는 누군가의 손에 이끌려 강연장 뒤에 있는 주방으로 들어갔다. 나를 주방으로 피신시킨 분은 그날 초청가수로 출연한 백자라는 분이었다. 그 와중에 누군가가 몸을 숨기듯 부자연스러운 동작으로 몰래 내 사진을 찍고 있었다.

한참 뒤 불에 탄 자국이 난 옷을 입고 나타난 남편과 함께 나는 사람들의 경호를 받으며 현장을 빠져나왔다. 그리고는 익산의 한 독자님 댁으로 갔다.

모든 사건들이 현실 속이 아닌, 뿌연 영화 속 슬로비디오 장면처럼 지나갔다. 폭발물을 몸으로 막은 분은 얼굴과 팔에 화상을 입고 입원했으며, 토크콘서트를 주최하신 이재봉 교수님도 화상을 입고 병원에 후송됐다고 한다.

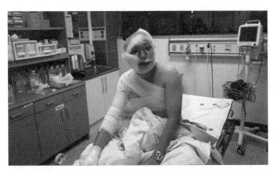

전북 익산에서 열린 통일토크콘서트의 음향담당을 맡았던 곽성준 씨가 폭발물을 몸으로 막는 과정에서 화상을 입고 병원에 입원했다.

그리고 관객 중 몸이 불편해 잘 걷지 못하는 한 신부님은 자리에 그대로 앉은 채 구출될 때까지 유독가스를 마시곤 응급실로 실려 가셨다고 한다.

당일 관객이 너무 많아 강연장 칸막이 문을 모두 밀어 접어놨으니 망정이지, 그렇지 않았다면 큰 사고가 발생할 뻔했다. 당시 그 성당은 구석에 작은 문이 하나밖에 없었다. 연기로 인해 앞이 전혀 보이지 않는 상황이었기 때문에 큰 인명피해가 발생할 수도 있었다.

한국에서 북녘의 산하와 동포들에 대한 이야기를 하거나 듣다가 폭발물 테러를 당할 수도 있다니…. 조국의 평화 통일은 아직 요원하다는 생각에 목이 메인다.

"어서 이 나라를 떠나라"… 공항에 갔더니 '출국금지'

익산에서 뜬눈으로 하룻밤을 보낸 나는 곧바로 서울로 향했다. 돌아오는 차 안에서 곰곰이 생각해본다. '누군가가 미리 들어와 자리를 차지하고 있다가 청년이 들어오자 자리를 내주고 사라졌는데….' 뭔가 이상하다는 생각이 머릿속에 맴돈다. 쿵쾅거리며 뛰고 있는 심장이 안정을 되찾지 못한다.

서울에 도착한 남편과 나는 미국 영사관으로 직행했다. 우리의 연락을 받은 로베르토 파워스 영사가 기다리고 있었다. 우리는 영사에게 전날 강연장에서 있었던 폭발물 테러사건에 대한 설명과 함께 "신변의 위협을 느끼지만 아무런 보호를 받지 못하고 있다"라고 말했다. 영사는 이미 알고 있는 듯 우리에게 "어서 이 나라를 떠나라"고 조언한다.

원래 비행기표 예약이 다음날로 돼 있어 이날 자리가 있을는지 의문이다. 미국서 올 때도 자리가 넉넉했으니까 좌석에 여유가 있지 않을까 생각했다. 우리는 독자분께서 제공해주신 차량에 올라 영사의 지시대로 공항으로 향했다. 공항에 거의 도착했을 무렵, 라디오에서 "법무부는 신은미 씨의 출국을 열흘간 중지했다"라는 뉴스가 나오는 게 아닌가. 변호사에게 전화를 걸었다.

"제가 출국정지를 당했다는데 혹시 알고 계시는지요?"

"아니요, 전혀 모르고 있습니다. 보통 외국인을 출국정지 시킬 경우 해당국 영사관에 통보하는 것으로 알고 있으니 미 영사관에 확인해 보시죠. 저희도 여기저기 알아보겠습니다."

우리는 곧바로 로베르토 파워스 영사에게 전화를 걸어 "대한민국 법무부에서 에이미 정(Amy Chung, 나의 법적 이름)의 출국금지를 통보받은 적이 있느냐"라고 물었다. 영사는 그런 일이 없다며 내게 "일단 출국을 시도하고, 안 되면 바로 전화하라"고 말했다. 우리는 체크인을 위해 대한항공 카운터로 가서 여권을 제출했다. 항공사의 직원이 한참 모니터만 바라볼 뿐 아무런 말이 없다. 기다리다 못해 남편이 묻는다.

"좌석이 없어서 그렇습니까?"

"아닙니다. 좌석은 얼마든지 있는데…. 저…, 혹시 체류기간을 넘기시거나 하시진 않았나요?"

"아니요. 보시다시피 예정일보다 오히려 하루 빨리 출국하려고 하지 않습니까."

"아…, 참, 그러시죠. 저…, 에이미 정 승객님께서 출국정지가 돼 있어서 법무부 출입국 관리사무소에 가셔서 확인해보셔야겠습니다. 승객님."

우리는 공항의 출입국 관리소로 가서 나의 출국금지를 확인했다. 그러고는 "출국금지가 내려졌을 경우 곧바로 전화하라"던 로베르토 파워스 영사에게 전화를 해봤다. 하지만 그는 무슨 일인지 전화를 받지 않았다. 그는 그날 온종일 우리 전화를 받지 않았다.

공항의 와이파이를 이용해 미국에 있는 아이들에게 소식을 전하려 메일을 열었다. 그러자 '질긴놈'이라는 사람이 보낸 메일이 들어와 있었다. 질긴놈? 누군가가 아직도 폭발물을 들고 '질기게' 나를 추적하고 있다는 말인가? 나는 떨리는 손으로 '질긴놈'의 메일을 열었다.

02

국가보안법 수사와
강제출국

남과
남북의
오작교가
되어

|제7장| 경찰 조사 그리고 국가보안법

'질긴놈'이라는 아이디로 보낸 메일은 과연 어떤 내용일까. 무슨 협박이 담겨 있을까. 두려움과 함께 두근거리는 가슴으로 열어본 메일은 다름 아닌 '서울지방경찰청'에서 온 것이었다.

신은미 씨!
서울지방경찰청 보안수사O대 경위 OOO입니다. 귀하가 〈TV조선〉 등을 고소한 사건과 활빈단 등이 귀하를 고발한 사건과 관련해 조사가 필요하니 2014년 12월 12일 오전 10시까지 서울지방경찰청 보안수사O대 사무실로 출석해주시기 바랍니다.
자세한 내용은 첨부한 사진(출석요구서 제2회)의 내용을 살펴보시고, 궁금한 점이 있으시면 전화(xx-xxx-xxxx) 주시기 바랍니다.

참으로 나라의 품위가 바닥을 헤맨다. 일국의 경찰청이 소환장을 보낼 때 '서울지방경찰청'이라는 공식 이름을 사용하지 않고, '질긴놈'이라는 아이디를 사용해 보내다니…. 그래도 한편으로는 다행이다. '질기게 추적해 폭탄을 던지겠다'는 테러리스트의 메일이 아니라 '민중의 지팡이'라는 경찰의 메일인 것. 나는 곧바로 변호사에게 전화를 걸어 이 사실을 알리고 출두 의사를 밝혔다. 경찰청과 시간을 조율해 알려주겠다는 변호사의 답변을 들으면서 공항청사를 떠났다.

공항 밖을 나오니 살을 에는 듯한 바람이 얼굴을 스친다. 따뜻한 남 캘리포니아에서 살다가 모국에서 겨울을 지내니, 추위가 상상을 초월한다. 예전에는 어떻게 살았나 싶다.

유난히 추위를 타는 남편은 익산 사제 폭발물 테러사건 당시 불에 타 여기저기 생긴 구멍 때문에 오리털이 풀풀 날리는 점퍼를 그대로 입고 있다. 그나저나 호텔은 위험할 텐데 출국정지가 된 열흘 동안 어디에서 지내야 한단 말인가.

대전에 계신 한 목사님께서 자신이 시무하는 교회에 방이 있으니 오라고 하셨지만, 경찰에 출석해야 하기 때문에 지방에 있을 수는 없다. 이후 나는 도움을 주시겠다는 독자 중 한 분의 댁에서 2015년 1월 강제출국을 당할 때까지 염치없이 신세를 져야만 했다.

청와대 면담 신청

경찰에 처음으로 출석하기로 한 2014년 12월 14일 오후 3시. 원래

통일콘서트의 강연 발언으로 논란이 된 재미동포 신은미 씨가 2014년 12월 5일 청와대를 방문해 박근혜 대통령과의 면담을 요청했다. ⓒ 오마이뉴스

경찰은 15일 월요일에 출석하길 원했지만, 이날 변호사는 다른 사건으로 재판정에 나가야 하기에 어쩔 수 없이 일요일로 날짜가 정해졌다. 주일이지만 나는 흔쾌히 동의했다.

그 사이 텔레비전에서는 내가 소환에 불응해서 출국정지가 내려졌다는 뉴스가 나온다. 기가 막힐 노릇이다. 나는 '질긴놈'에게서 메일을 받고 바로 변호사에게 전화해 이를 알렸고, 변호사는 '질긴놈'과 협의해 출석 일정을 잡았다. 그런데 '소환 불응'이라니(후일 경찰은 내가 '소환에 불응했다'는 것은 사실과 다르다고 언론을 통해 발표했다).

12월 14일, 독자분들과 통일토크콘서트 주최 측의 경호를 받으며 약속된 시각에 변호사와 함께 청와대 인근을 지나 광화문 쪽에 있는 경찰청으로 향했다. 지금은 많이 변했지만, 어린 시절 매일 같이 지나던 길을 따라서 말이다.

초등학교 시절, 나는 청와대와 붙어있는 궁정동에 살았다. 우리집 담

너머에는 군인들이 보초를 서고 있었다. 나는 가끔 우리집에서 함께 살며 집안일을 도와주던 언니의 심부름으로 음식을 접시에 담아 담 너머 군인들에게 전해주기도 했다.

2014년 12월 5일, 박근혜 대통령 면담 신청서를 제출하던 날. 나는 기자회견을 마친 후 경찰차를 타고 신청서를 제출하기 위해 청와대로 향하면서 내 초등학교 시절을 보냈던 바로 그 궁정동집을 지나쳤다.

우리는 이 집을 '경무대집'이라고 불렀다. 당시에도 박정희 대통령이 기거하는 곳을 청와대라 불렀지만, 우리 식구들은 그곳을 이승만 대통령 시절 이름이었던 경무대라 불렀다. 아마도 자유당 국회의원으로 경무대에 자주 출입하셨던 외할아버지가 사셨던 동네라서 그렇게 부르지 않았나 추측해본다.

경찰청으로 향하며 이 동네를 지나치니 만감이 교차한다. 어린 시절 뛰어놀던 추억의 길을 수십 년이 지난 지금, 경찰 조사를 받기 위해 지나가고 있다. 차 안에서 변호사님이 말을 꺼냈다.

"짧게 대답하고, 곤란하면 묵비권 행사하세요"

"신 선생님, 가급적이면 수사관의 질문에 짧게 대답하시고 답하기 곤란한 질문에는 묵비권을 행사하세요."

"잘 알겠다"고 대답은 했지만, 왜 질문에 있는 그대로, 사실대로 대답하면 안 되는 것인지 의문이다. 곤란한 질문에 묵비권을 행사하라니…. 대체 내게 곤란한 질문이란 무엇이며, 왜 묵비권을 행사해야 하는 걸까.

2002년 10월에 방영된 MBC <이제는 말할 수 있다>의 한 장면. 제헌국회 시절 국가보안법 제정에 앞장 선 박순석 의원은 신은미 씨의 외할아버지다.

변호사가 주의사항을 계속 말한다.

"신 선생님, 그 사람들의 질문에 까딱 잘못 대답하면 없는 죄도 만들어지지요."

"아니, 없는 죄가 만들어지다니요?"

"신 선생님은 모르세요. 질문에 길게 대답하다간 '아'를 '어'로 둔갑시켜 꼬투리를 잡힐 수도 있답니다. 그리고 경찰청에 도착하면 기자들이 많이 몰려들 겁니다. 그들이 질문을 할 텐데 그 질문에도 간단히 답하시거나 아니면 아무런 답도 하지 마시고 그냥 들어가세요. 없는 사실도 기사로 둔갑시킬 수 있습니다."

도저히 이해할 수 없다. 대체 경찰이 무슨 질문을 하기에 짧게 대답하거나 묵비권을 행사하란 말인가. 게다가 길게 대답하면 '없는 죄도 만들어질 수 있다'는 건 또 무슨 말인가. 그렇지만, '없는 사실도 기사로 둔갑할 수 있다'는 말은 백번 이해한다. 지금까지 몸소 경험하고 있으니까.

경찰청에 들어서자 건물 앞에 기자들이 몰려있다. 현관을 지나 바닥에 표시가 돼 있는 포토라인에 서니 사진기의 플래시가 사방에서 터져 나온다. 오바마 대통령 방한 기자회견 당시 질문 기회가 있었는데도 멍하니 앉아있던 기자들이 오늘은 마구 질문한다. 순간 나는 변호사의 조언을 무시하고 묻는 말에 모두 대답해버렸다.

한 기자가 "또 북한에 갈 거냐"라고 묻는다. 당연히 "또 갈 것"이라고 답했다. 왜냐하면, 북한에는 사랑하는 내 수양가족들이 있고 그들이 보고 싶어서 분명 또 갈 것이기 때문이다. 대답을 하는 순간 북한의 수양딸과 수양조카의 모습이 눈앞을 스쳐 간다.

경찰청 로비가 마치 기자회견장처럼 돼 버렸다. 내가 기자들의 질문에 하나하나 응답해 시간이 지체되자 경찰은 인터뷰를 끊고 변호사와 나를 엘리베이터로 안내한다. 엘리베이터 속에서 변호사의 얼굴을 보니 불안한 기색이 역력하다. 내가 기자들의 질문에 자세하게 대답했기 때문이리라. 나는 마음속으로 '변호사님, 죄송해요, 저는 경찰의 질문에도 똑같이 하고 싶은 말 다할 거예요'라고 되뇌었다. 나는 아무런 죄도 저지른 게 없기 때문이다.

"대동강맥주가 맛있다고 생각하나?"… 참 이상한 질문

조사실에는 타이핑을 하면서 질문을 하는 수사관과 여경 한 명이 있었다. 수사관이 "지금부터는 모든 게 동영상으로 촬영된다"라고 알려준다. 완벽한 기록으로 남을 테니 되레 안심이 된다.

경찰의 질문은 주로 강연에 관한 것이었다. 경찰도 강연 동영상과 녹취록을 다 갖고 있을 텐데 같은 질문을 반복한다. 어이없었던 것은 사실관계의 확인에 대한 질문이 아니라 내가 어떤 생각과 의도를 갖고 그런 말을 했냐는 것이다.

평양의 맥주집에서 대동강맥주를 마시는 저자와 북한의 둘째 수양딸 리설향. (2013년 8월)

경찰은 "'대동강맥주가 맛이 좋다'고 했는데 정말 그렇게 생각하는가"라고 물었다. 왜 이런 질문을 하는지 이해할 수 없다. 경찰은 '사실 맛은 없지만 신은미가 북한을 선전하기 위해 일부러 맛이 있다고 거짓말했다'고 믿기 때문일까.

대동강맥주에 대한 호평은 북한을 방문했던 많은 유럽 관광객들, 특히 맥주의 본고장인 독일 관광객들도 이구동성으로 내놨던 이야기다. 게다가 〈동아일보〉도 '어? 대동강맥주에서 유럽의 향기가…'(2012년 12월 8일)라는 제목의 기사로 대동강맥주를 좋게 평가하지 않았던가. 설사 대동강맥주가 맛이 없다고 해도 이는 개인의 기호에 관한 문제다. 내가 맛이 있다고 생각하면 그만인 것 아닌가. 개인의 기호도 죄가 될 수 있단 말인가.

어이없는 질문은 여기서 그치지 않는다. "북한에 휴대전화가 250만 대가 넘는다고 했는데, 그걸 정말 믿는가?" 이 정도 정보는 대한민국 통일부 누리집에서도 쉽게 찾을 수 있는 정보다.

"북한의 강물이 깨끗하다고 했는데 거짓 주장이 아니냐" "멋을 낸 여성들끼리 맥주집에서 술 마시는 모습이 사실처럼 믿어지는가" 등의 질문을 한 수사관들이 내가 본 오늘날 북한의 모습이 정말로 믿어지지 않아 그런 질문을 했다고는 생각하지 않는다. 요즘처럼 인터넷이 발달한 세상에서 그분들도 그런 사실을 잘 알고 있을 게다. 그들은 나에게서 국가보안법에 위반되는 구실을 찾기 위해 임무를 수행했을 뿐이라고 생각한다.

오후 10시께 경찰 조사의 첫 일정이 끝났다. 수사가 길어진 이유 중 하나는 내가 경찰의 질문에 너무 길게 대답했기 때문이었다. "짧게 대답하거나 묵비권을 행사하라"고 하던 변호사도 안심을 했는지 쉬는 시간에 내게 "원하는 대로 마음껏 모두 대답하시라"는 조언을 해주기도 했다.

마지막으로 수사 녹취록 각각의 페이지에 서명하는 순서가 기다리고 있다. 이날 작성된 녹취록 두께가 족히 책 한 권은 되는 듯하다. 첫 페이지부터 자세히 읽어봤다. 그런데 질문에 대한 나의 대답이 아주 많은 부분 누락된 채 짧게 기록돼 있었다. 나는 일일이 잘못 기록된 부분을 지워가면서 내가 대답했던 그대로 적어넣었다. 이 수정 과정이 몇 시간 소요되는 바람에 자정을 훌쩍 넘긴 시각에 경찰청에서 나올 수 있었다.

이럴 거면 '자유민주주의' 타이틀 버려라

나는 첫 조사를 받으면서 국가보안법에 대해 생각해봤다. '누군가가 간첩죄 등 반국가적인 범죄를 저질렀다면, 형법에 따라 처벌하면 될 것을 왜 국가보안법이라는 게 별도로 필요한 걸까'라는 의문이 수사를 받으면서 풀렸다.

'실제로 국가 안보에 해가 되는 행위를 하지 않았어도 북한 또는 사회주의 사상에 동조하는 듯한 생각을 가지고 있다는 이유만으로도 처벌을 하기 위한 법'이라는 결론에 도달했다. 그러니 수사관은 '나의 생각'을 끄집어내고자 어이없는 질문을 연거푸 반복한 게 아닐까.

전두환 정권 시절의 대표적인 조작 사건 중 하나인 '아람회' 사건이 어떻게 발생할 수 있었는지를 이제야 실감하게 된다. '아람회 조작사건'의 피해자이기도 한 독자 한 분은 내게 "오죽하면 고문에 못 이겨 있지도 않은 북한 노래를 지어서 불렀겠는가?"라고 말했다.

저자의 남편 정태일 씨가 신은미 씨가 나오는 방송을 시청하고 있는 모습. ⓒ 오마이뉴스

게다가 북한에 관한 어떤 긍정적인 것도, 그것이 설사 사실이라고 해도 있는 그대로 표현할 경우 '고무 및 찬양'에 해당하며 국가보안법을 위반하게 되는 것 같았다. 그러니 "대동강맥주가 정

74

말 맛있다고 생각하는가" "북한의 휴대폰 수가 정말 250만 대를 넘는다고 생각하는가" 등의 '한심한' 질문을 하는 것 아닐까.

첫 경찰 조사를 통해 나는 이 법이야말로 천하의 몹쓸 법이라는 것을 재확인하게 됐다. 이 법이 존재하는 한 아무런 죄 없는 사람들이 감옥에 가는 것은 물론 엉터리 보수단체의 준동과 종북몰이, 그리고 이를 이용하는 정권은 결코 사라지지 않을 것이라는 생각이다. 나아가 통일은 말할 것도 없고….

미국에서 살다 보면 한국전과 월남전에 동시 참전했던 미국 노인분을 만날 때가 종종 있다. 그분들 말에 의하면 월남전은 한국전에 비하면 아무것도 아니라고 한다. 그만큼 우리 민족의 희생이 컸다는 말이다. 상황이 이런데도 그렇게 엄청난 재앙을 가져온 전쟁을 치른 우리에게 제대로 된 전쟁 문학 작품 하나라도 존재하는지….

노래만 하더라도 〈그리운 금강산〉 한 곡을 수십 년째 부르고 있는 실정 아닌가. 개인적인 생각이지만, 만일 국가보안법이 없었더라면 한글이라는 훌륭한 문자를 소유하고 감성도 풍부한 우리나라 사람들이 한국전쟁을 소재로 한 작품으로 오래전에 노벨문학상을 받고도 남았으리라. 인간의 자유로운 사유와 표현을 억제하는 이런 법이 존재하는 한 우리는 창조적인 문화발전을 기대할 수 없다는 생각이다.

서울에 있는 동안 '창조경제'라는 말을 종종 들었다. 나는 지금도 '창조경제'가 어떤 경제인지 전혀 이해하지 못하고 있다. 이 말이 '부를 창조하는 경제'라면 나는 자신 있게 "북한에 창조경제의 기회가 있다"고 말하고 싶다.

신은미 씨가 2014년 12월 14일 오후 서울 종로구 서울지방경찰청에 피고발자 신분으로 출석해 밤 늦도록 조사를 받은 뒤 기자들의 질문에 답변하고 있는 모습. 수많은 언론사 기자들이 와 있다. ⓒ 오마이뉴스

강연 때마다 늘 하는 말이지만, 남과 북의 경제 협력이 대규모로 이뤄진다면 아마도 남한에 비정규직이란 단어는 없어질 것이다. 북한은 그야말로 '황금 같은 기회의 땅'이다. 그러나 이런 말도 '까딱' 잘못하면 국가보안법에 저촉될 수 있다고 하니, 경제에 있어서도 '창조'적인 발전은 기대할 수가 없다.

선진 자유민주주의 국가에서는 외설이 넘쳐난다. 그러나 이 나라 사람들이 외설을 좋아하고, 또 아무렇지도 않게 생각하기 때문에 음란물을 허용한다고 생각하면 오산이다. 내가 살고 있는 미국만 하더라도 많은 이들이 음란물에 동의하지 않는다. 그러나 그것을 규제하는 데에는 반대한다. 왜냐하면, 표현의 자유는 어떠한 경우에도 억압돼서는 안 된다는 믿음 때문이다. 우리의 경우, 국가안보를 구실로 표현의 자유를 억제하려 든다면 '대한민국은 자유민주주의 국가'라는 말을 사용해서는 안 될 것이다.

유엔도 한국의 국가보안법 폐지를 권고한 것으로 알고 있다. 말로만 '세계화' '선진국' '자유민주주의'라고 할 게 아니라 국제 수준에 맞춰 이런 '후진적인 법'부터 폐지해야 한다고 생각한다. 세계가 싱가포르를 선진국이라고 부르지 않는 것처럼, 한국의 무역량이 늘어나고 1인당 국민소득이 높아진다고 해서 한국을 선진국이라 보지 않음을 우리는 알아야 한다.

추가 조사를 위해 다시 출두해야 한다는 말을 듣고 조사실을 빠져나왔다. 새벽까지 기자들이 로비에서 기다리고 있다. 대체 뉴스거리가 그렇게도 없는 걸까. 통일토크콘서트가 뉴스를 장식한 지 벌써 한 달이 가까워지고 있다. 한국의 미래를 바꿀 수도 있는 국내외 뉴스거리가 산적해 있음에도 한 해외동포의 '북한 여행담'이 그렇게 중요한 뉴스란 말인가. 나는 기자들의 질문에 일일이 답변을 한 뒤 차량에 올랐다. 서울의 새벽공기가 음산하게 내 마음을 파고들었다.

|제8장| 경찰의 어이없는 질문들

2014년 12월 14일 첫 경찰 출두 이후 나는 연장되는 출국정지 조치 아래 두 번 더 경찰에 출두했다. 매번 조사는 새벽까지 이어졌다. 경찰의 질문은 계속됐다. 이번에는 북한의 지도자에 대한 나의 언급에 관해서다. 문제가 됐던 조계사 토크콘서트는 중간중간 청중들의 질문에 내가 답하는 형식으로 진행됐다. 거기서 나온 질문 중 하나가 "북한 주민들은 그들의 지도자에 대해 어떻게 생각하는 것 같은가"라는 것이었다.

나는 북한에서 보고, 듣고, 느낀 그대로 "북한 주민들은 김정은 제1위원장을 친근하게 생각하고 있으며 새로운 지도자의 등장과 함께 앞으로 뭔가 변화가 있을 것이라는 기대감을 많이 내비친다"라고 답했다. 이는 비단 북한뿐만 아니라 어느 나라에 가도 마찬가지다. 우리나라도 새로운 대통령이 나올 때마다 사람들은 뭔가 새로운 변화가 있을 것이라는 기대를 하지 않는가.

경찰의 질문은 "북한 주민들이 한 말이 진심이라고 생각하느냐, 당신도 그렇게 생각하느냐"는 것이었다. 북한 주민들이 한 말이 진심이 아니라고 생각한다면 나는 무죄고, 진심이라고 생각한다면 유죄가 된다는 말인가. 그야말로 '내 운명이 북한 주민들의 진심에 달려있는 순간'이다.

세상에! 내가 여행 가서 보고, 듣고, 느낀 것을 말하는 게 죄가 될 수도 있을 뿐만 아니라 유·무죄의 판단이 다른 사람들의 '진심'에 달려있다니! 만일 내가 법정에 서게 된다면 검찰은 북한 주민들의 진심을 어떻게 설명할까, 또 나는 북한 주민들의 진심을 어떻게 증명할까. 한 편의 코미디다.

"북한 주민들이 새로운 지도자에 대해 뭔가 변화가 있을 것이라는 기대를 하고 있다"는 말이 뭐가 잘못됐다는 건지…. 얼마 전 한국을 방문한 도널드 그레그 전 주한 미국대사는 "천안함은 북한의 소행이 아니며, 김정은은 똑똑한 지도자"라고 말했다. 한국의 '사이비' 보수단체들 기준에 따르자면 "천안함은 북한의 소행이 아니다"라는 발언 자체만으로도 도널드 그레그 전 주한 미 대사는 '종북'이다. 또 "김정은은 똑똑한 지도자"라는 그의 말은 검찰과 경찰의 기준에 따르면 심각한 국가보안법 위반이다.

그러나 어느 보수단체가 도널드 그레그 전 주한 미 대사를 고발했다든지, 검·경이 그의 발언과 관련한 수사를 진행했다는 소식을 들어본 적이 없다. 법 적용의 기준이 참 제멋대로다.

한 여성이 휴대전화 통화를 하면서 평양의 거리를 걸어가고 있다. (2013년 9월)
2013년 8월 평양의 맥주집에서 두 여성이 맥주와 음료를 마시면서 이야기를 나누고 있다.(오른쪽)

노란 형광펜으로 도배 된 북한 기행문

강연 내용에서 흠을 잡아내는 데 실패했는지, 검·경은 이번엔 2012년 11월에 출간된《재미동포 아줌마 북한에 가다 -내 생애 가장 아름답고도 슬픈 여행》의 집중 분석에 들어갔다. 누군가가 서문부터 마지막 장까지 노란 형광펜으로 필요한 대목 일부분만 줄을 그어 놨다. 그리고 그 단편적인 문장들을 하나하나 읽어 내려가면서 북한을 고무 및 찬양했다는 질문을 내놨다. 그리고 "북한에서는 많은 사람들이 휴대전화를 사용한다고 말함으로써, 마치 북한이 지상낙원인 것처럼 묘사하고 있다"는 식의 질문이 이어졌다.

그러더니 이번엔 또다시 '북한 맥주'로 돌아간다. 〈오마이뉴스〉에 올린 연재 기사 '재미동포 아줌마, 또 북한에 가다' 중 내가 평양의 맥주집에서 목격한 여성들에 대해 쓴 부분을 물고 늘어졌다. "평양의 고급

맥주집에서 여성들이 술을 마신다고 적어놨는데, 북한에서는 누구나 다 그럴 수 있느냐"는 질문이었다. 나는 "한국에서도 한 병에 수십, 수백만 원짜리 위스키를 마시는 사람들이 있다, 모든 사람들이 다 그럴 수 있느냐"라고 반문했다. 수사관은 아무 말도 하지 않았다.

'직업상 하는 수 없이 임무를 수행한다고 해도, 정예 경찰이 이런 질문을 하다니 스스로 얼마나 한심하다고 느낄까'라는 생각이 들었다. 그들이 측은하게 느껴졌다. 한편으로는 왜 국가보안법 위반으로 조사를 받는 이들의 변호사들이 '일일이 대꾸하는 대신 가능하면 묵비권을 행사하라'는 조언을 하는지 이해가 되기도 했다.

책 내용에 근거한 질문 중 가장 어리석었던 것은 내 신앙고백과 관련한 대목에서 나왔다. 첫 북한여행 당시를 담은 기행문에는 이런 대목이 나온다.

나는 진정 내 이웃을 내 몸과 같이 사랑하며 살았을까. 내 이웃은, 내 형제는, 내 민족은 다름 아닌 바로 설경이고, 만룡 안내원이며, 리인덕 운전기사 아저씨인 것을…. 먼 길을 돌고 돌아서야 만날 수 있었던 사랑하는 이들, 가장 가까이 있으면서도 가장 먼 곳에 있는 것처럼 느껴지는 이들이 바로 내 그리운 반쪽 나라, 내 민족, 내 선한 이웃이었다. 회개하는 심정으로 창밖 하늘을 바라본다. 내 생애 가장 아름답고도 슬픈 여행이었다.

2011년 10월 열흘간의 첫 북한방문을 마치고 평양을 떠나며 독백한 나의 신앙고백이다. 경찰은 나의 신앙적 체험을 통한 회개의 글귀까지 끄집어내면서, "이렇게 감동을 주는 글을 통해 독자로 하여금 북한을 좋아하게끔 선전·선동하려는 것 아닌가"라고 물었다. 진정 모국 한국에서는 신앙고백마저 북한동포에 대한 것이라면 죄가 된다는 말인가.

내가 '종북'이라면 문체부와 통일부도 '종북'

2012년에 펴낸 내 첫 책《재미동포 아줌마, 북한에 가다》를 한국 정부가 '우수문학도서'로 선정했을 당시 나는 이것을 개인적인 명예나 영광이라고 생각하지 않았다. 왜냐하면, 나는 전직 음악 교수이며 전업주부지 작가가 아니기 때문이다. 그저 날아갈 듯 기뻤다. 우수문학도서 선정으로 인해 더 많은 사람들이 책을 읽고 민족의 화합과 조국의 평화통일에 관심을 두게 됐으면 하는 바람 때문이었다. 그래서 나는 평소 내 기행문을 우수문학도서로 선정한 문화체육관광부와 2013년 8월 나를 통일 홍보용 다큐멘터리에 출연시켜준 통일부에 감사했다.

이렇듯 문체부와 통일부에 고마운 마음을 갖고 있음에도 나는 수사 과정에서 차마 하기 싫은 말을 해버리고 말았다. 수사관이 말끝마다 '선전·선동' 운운하기에 문체부와 통일부의 이야기를 꺼냈다.

"제가 기행문을 통해 북한을 선전하고 독자들을 선동했다면, 제 책을 우수문학도서로 선정하고 국민의 세금으로 이 책을 무려 1,200권이나 사들여 전국 공공 도서관에 배포한 문체부와 저를 출연시켜 다큐멘터리를 제작한 통일부도 북한 선전·선동에 앞장섰다는 말인가요? 그럼 문체부와 통일부도 함께 수사해야 하는 거 아닌가요?"

수사관은 아무 대답도 하지 않았다. '통일토크콘서트'가 종북몰이 대상이 되자 통일부는 내가 출연한 동영상을 통일부 누리집에서 내렸다. 그리고 문체부는 국무총리 지시에 따라 내 책을 전국 공공도서관에서 회수해버렸다.

책과 〈오마이뉴스〉 연재 기사에서 북한을 고무·찬양한 혐의를 찾지 못한 경찰은 국가보안법을 적용할 수 없겠다는 판단을 했는지 이번엔 출입국관리법 위반 혐의를 밝히기 위한 조사에 돌입했다.

수사관은 내게 "통일콘서트가 어떤 행사인지 다음 중 하나를 골라주십시오. 정치, 경제, 예술, 문화"라고 물었다. 나는 "문화"라고 대답했다. 그러자 수사관은 내 대답을 무시하고 "외국인이 무비자로 한국에 들어와 통일토크콘서트 같은 정치활동을 했으니, 이는 출입국관리법 위반인 동시에 강제 추방 사유가 된다"고 말했다. 수사관의 말 한마디에 문화 행사가 '정치 활동'으로 둔갑해버리는 순간이었다.

2015년 초 미국인권재단 소속의 미국인들이 한국에 입국해 대북 전단을 날렸다. 이 미국인들이야말로 여차하면 남북 간에 충돌을 야기할 수 있는 위험천만한 정치 활동을 한 것이다. 요즘 수많은 외국인들은 나처럼 무비자로 입국을 하는데, 그 미국인들은 도대체 무슨 비자를 받고 한국에 입국했길래 그런 위험천만한 정치적 활동을 할 수 있었을까. 그런데 통일부는 '강제로 규제할 수 없다'는 입장을 보였다. 왜 이들에게는 '정치 활동'의 낙인이 찍히지 않았는지 법무부는 밝혀주기 바란다.

2013년 8월 신은미 씨는 통일부 홍보 동영상 촬영을 했다.

강연료 받았으니 불법취업이란다

출입국관리법 위반 혐의에 관련한 질문은 계속 이어졌다. 이번에는 '외국인이 무비자로 들어와 강연 활동을 하고 강연료를 받았으니 불법취업'이란다. 나는 전국 순회 통일토크콘서트의 주최 측에게서 강연료를 받지 않았다. 막상 한국에 와서 보니 주최 측의 재정 형편이 대체로 넉넉해 보이지 않았기 때문이었다. 내가 갖고 있는 돈마저 털어주고 싶은 심정이었다.

그러나 이번 모국 방문 중에 두 곳에서 강연료를 받았다. 한 곳은 서울의 한 자치단체였으며 또 다른 한 곳은 내가 신앙간증을 한 교회였다. 돈을 받았으니 이는 입국 목적에 위배되며 출입국관리법 위반이라는 것이다. 동시에 "외국인이 다른 나라를 여행하면서 한 번쯤 여행국의 출입국관리법을 읽어보고 와야 하는 것 아니냐"라는 말까지 했다. 내 대답은 이랬다.

"전 세계 수백만 해외동포가 모국을 방문하면서 외국인이 관광을 오는 것 같은 기분으로 한국에 방문하진 않을 것입니다. 마치 내 집에 오는 기분으로 입국을 하겠죠. 저도 그런 마음으로 입국했습니다. 하여간 좋습니다. (수사관) 선생님께서는 외국여행 갈 때 여행가는 나라의 출입국관리법에 관한 준수사항을 일일이 읽으시는지요?"

수사관은 이에 대해서도 아무 대답을 하지 않았다. 어찌 됐든 내가 두 군데서 강연료를 받은 것은 사실이다. 이것이 불법이라면 출입국관리법 위반을 인정한다. 그리고 이에 상응하는 처벌도 달게 받겠다. 그러나 내가 아무런 거리낌 없이 강연료를 받은 데는 다 이유가 있다.

2013년 8월 대한민국 통일부의 다큐멘터리에 출연했을 당시 나는 통일부가 주는 출연료를 받았다. 그렇다면 대한민국 정부는 외국인을 불법으로 고용한 게 되는 걸까. 경찰은 똑같은 혐의로 통일부도 수사해야 하는 게 아닐까. 통일부가 주는 출연료는 합법이고, 교회나 자치단체가 주는 강연료는 불법이란 말인가?

나는 어처구니없는 이유로 출입국관리법 위반에 관한 조사를 받으면서 얼마 뒤 강제추방될 것을 직감했다. 강연 내용과 책을 아무리 살펴봐도 '종북 혐의'를 찾을 수 없었지만, 대통령마저 '종북 콘서트'라 지칭한 상황 아니겠는가. 그냥 내보낼 수는 없었을 것이다. 강제추방의 구실을 찾고 있다는 느낌을 지울 수 없었다.

2013년 7월 26일 로스앤젤레스에서 열린 북콘서트에서 독자들에게 사인을 하는 저자.

'선생님'이란 호칭 때문에…

계속되는 수사관의 질문은 미국 내 강연활동과 지인에 관한 것이었다. 소셜네트워크서비스에 올라와 있는 미국 내 강연 동영상이나 기사를 놓고 '고무 및 찬양' 혐의를 찾아내려는 게다. 미국 내 강연이라 해봐야 한국에서 했던 강연들과 다를 게 없는데도 말이다.

내가 한국에서 한 활동에 대해 조사하는 것은 얼마든지 이해할 수 있었다. 하지만, 미국에서의 삶까지 조사한다는 것은 참을 수 없었다. 한국 정부는 외국인의 본국 내 활동까지도 수사한다는 말인가. 명백한 불법이라고 생각했다. 나는 수사관에게 "조금 전에 제게 '왜 외국인이 한국에 입국해 입국 목적에 위배되는 일을 했냐'고 하셨는데, 그렇다면 외국인인 내가 본국 내에서 무슨 활동을 했는지는 왜 문제 삼나"라고 응수했다.

그러자 수사관은 내가 미국 내 소위 '종북 인사'라 불리는 사람과 주고받은 이메일을 펼쳐놓고 나와 그 사람과의 관계를 추궁했다. 그 사람은 내게 "칠순 잔치와 출판기념회에 참석해달라"고 물었고, 나는 이메일에 "사정상 참석하지 못한다"라고 답했다.

수사관은 내가 메일에서 그 사람에게 '선생님'이라는 호칭을 했으니 가까운 사이가 아니냐고 물었다. 나도 수사관을 '선생님'이라 호칭했는데, 그렇다면 내가 수사관이랑 가까운 사이라는 말인가? '웃어야 할지 울어야 할지'라는 말은 이런 상황을 두고 하는 말일 게다.

일부 언론은 이러한 수사 내용을 어떻게 알았는지 곧바로 방송을 내보냈다. 그리곤 나와 '종북 인사'라는 그분과의 관계를 두고 허위보도를 일삼았다. 이를 본 한 외신 기자가 내게 연락을 해왔다.

"무슨 메일을 사용하시는지요?"

"미국 야후 계정을 사용하고 있는데요."

"그런데 어떻게 경찰이 이메일 내용을 알 수 있었을까요?"

"그건 저도 모르겠네요."

그 외신 기자는 경찰에 전화를 걸어 "어떻게 메일의 내용을 알 수 있었냐"고 물었다. 경찰은 "합법적인 방법으로 알아냈으며, 더 이상 말해줄 수 없다"고 답했다 한다.

당시 나는 한국 경찰의 이메일 해킹을 의심했다. 하지만 그건 오해였던 것 같다. 후일 미국에 돌아와 들은 바에 의하면, 내가 '종북 인사'라는 그분께 보낸 메일을 그분이 자신이 운영하는 누리집에 올려놨다고 한다. 아마 경찰은 그 누리집에 올라와 있는 메일을 채집했으리라.

여하튼, '선생님'이라는 호칭도 잘못 쓰면 고초를 당할 수 있다는 교훈을 국가보안법 수사를 통해 터득하게 된 것 같다. 이것도 소득이라면 소득일 게다.

마지막으로 수사관들은 나를 명예훼손으로 고소한 일부 텔레비전 출연 탈북자들에 대한 질문을 했다. '탈북자 명예훼손에 진정한 사과를 요구한다는 촉구에 응할 용의가 없냐'고 물었다. 물론 나는 거부했다. 나는 "북이 받아만 준다면 북으로 돌아가고 싶다"면서 내게 연락해온 탈북자들의 말을 그대로 전했을 뿐이다. "해명은 할 수 있지만, 사과할 생각은 전혀 없다"라고 답했다.

수십 시간 경찰 조사가 남긴 것

조사가 끝나고 녹취록을 점검하는 시간인 것으로 기억한다. 수사관이 "오늘도 일일이 다 고치실 거죠?"라고 말하며 연필 한 뭉치와 지우개를 가져다 준다. 또 다른 수사관은 나를 두고 대답을 잘한다면서 "선생님 이런 조사 처음인 것 맞아요?"라고 농담을 하기도 한다. 겉으로는 수사관의 농담에 미소를 보였으나 나는 씁쓸함을 금할 수가 없었다. 한평생 경찰 조사는커녕 교통순경과 이야기를 나눈 기억조차 없다.

돌이켜보니, 세 차례에 걸쳐 총 수십 시간에 이르는 밤샘 조사를 받는 동안 경찰 역시 참 수고가 많았다는 생각이 든다. 나는 대한민국 엘리트 경찰인 그들이 '대동강맥주가 맛있다고 했는데, 북녘에 흐르는 강물이 깨끗하다고 했는데, 정말 그렇게 생각하는가' 따위의 수준 낮은 질문을 할만큼 비합리적이라고 생각하지 않는다. 그런 질문을 하는 직업일 뿐인 것이고, 그들은 그들의 업무를 충실히 수행했을 뿐일 것이다. 이 생각은 지금까지 변함이 없다.

다만, 경찰의 조사는 시간 낭비였다. 또한 내게는 회복되지 않는 정신적 피해를 남겼다. 뿐만 아니라 사랑하는 모국의 수준과 품위가 선진국에 한참 못 미친다는 사실을 발견하게 만들었다.

내가 조사를 받는 동안 수시로 차를 대접하고, 집에서 손수 키웠다는 과일을 가져다 주는 등 많은 친절을 베풀어준, 예우를 갖춰 대해준 수사관들에게 고맙다는 말을 하고 싶다. 그리고 수사가 진행 중인 중간 중간에 "통일토크콘서트에서 '북한은 지상낙원'이라는 발언은 없었다" "신은미 씨가 '소환에 불응했다'는 것은 사실이 아니다"라는 등의 사실을 언론에 확인시켜준 경찰에 감사의 말을 전한다.

|제9장| 테러리스트 감싸는 나라

경찰 수사가 진행 중인 동안, 누군가가 박근혜 대통령이 지난 2002년 북한을 방문해 김정일 위원장과 나눈 대화 내용이 담긴 전단을 길거리에 뿌리는 일이 발생해 경찰이 수사에 나섰다는 뉴스를 접했다.

전단 내용을 보고 나는 깜짝 놀라고 말았다. 왜냐하면, 박근혜 대통령의 발언 중 많은 부분이 평소 내가 생각했던 것과 일치했기 때문이다. 전단에는 다음과 같은 내용이 담겨 있었다.

"탈북자 문제는 북한의 경제난 때문인 만큼 경제를 도와줘야…" "북한이 우리보다는 여성의 사회진출이 활발한 듯 보였다" "제(박근혜 대통령)가 조선반도 평화와 안정을 위해 좋은 일을 많이 할 수 있을 것" 등등.

이밖에 "김정일 위원장은 우리 정치에 대해 해박한 지식을 가지고 있었다" "김 위원장은 약속을 지키는 믿을 만한 파트너" 등 북한 지도자에 대한 언급도 포함돼 있었다. 실제로 박근혜 대통령은 북한과 북한의 지도자에 대해 이것보다 훨씬 큰 호감과 신뢰를 나타내는 표현을 본인의 자서전에 남겨놨다고 한다.

박근혜 대통령의 발언 중 특히 내가 놀랐던 부분은, 북한 인권 문제에 관한 대목이다. 박 대통령은 2007년 7월《신동아》와의 인터뷰에서 "대화를 하려고 마주앉아서 인권 어떻고 하면 거기서 다 끝나는 것 아니냐"라고 말했다. 왜 내가 놀랐냐면, 남북관계의 발목을 잡고 있는 사안 중 하나가 바로 북한 인권 문제이기 때문이다. 나는 박 대통령의 이런 자세를 적극 지지한다. 나아가 우리만이라도 먼저 국가보안법 위반으로 탄압받고 억울한 옥살이를 하고 있는 '정치범'들을 석방했으면 하는 바람이다.

나는 박근혜 대통령이 북한에 관해 이렇게 훌륭한 생각을 가지고 있는지 전혀 모르고 있었다. '진짜 종북은 누구인가'라면서 박근혜 대통령을 비꼬는 전단을 나는 반대한다. 이 전단의 제목이 '민족의 화합과 조국의 평화적인 통일을 추구하는 우리의 대통령'이었더라면 좋았을 것이라는 아쉬움이 남는다.

테러를 옹호하는 사람들

나에 대한 경찰 수사와 동시에 익산 사제폭발물 테러에 대한 수사도 진행 중이었다. 경찰은 그 테러범의 집을 압수수색했다고 발표했다.

2015년 2월 하태경 새누리당 의원이 이 테러범에게 자신의 책과 함께 명함을 보냈다는 소식을 들었다. 일국의 국회의원이 테러범에게 겉으로는 꾸짖는 태도를 취하면서 마치 "잘했어"라고 격려하는 모양새다. 게

다가 몇몇 사람들이 테러범에게 성금을 보내기도 했단다. 소위 보수단체라 불리는 곳에서 보낸 돈이 대부분이란다. 그러니 그 테러범도 의기양양해 '일베 인증' 유의 사진을 인터넷에 올리는 것일 게다.

미국에서는 여러 사람들이 모인 장소에서 폭발물을 던졌을 경우, 피해 경중과 범인의 연령에 관계없이 종신형까지 처할 수 있다. 물론 나라마다 처벌 수위에 차이가 있겠지만, 아무리 그래도 그렇지 국회의원이라는 사람이 이런 행동을 할 수 있는지는 아직도 의문이다.

더욱 놀라운 것은 대통령마저 통일토크콘서트를 가리켜 '종북콘서트'라고 언급하면서 폭발물 테러에 대해서는 일언반구 없었다는 사실이었다. '침묵은 무언의 동의'라는 말이 있다. 상황이 이러하니 '서북청년단'이라는, 한국 현대사의 악몽과 같은 단체가 부활하려는 게 아닌가.

2015년 3월 주한 미 대사 습격사건이 발생했을 당시 아랍에미리트를 방문 중인 박근혜 대통령은 사건과 관련해 "목적·배후 등 모든 것을 철저히 밝혀서 다시는 이런 일이 재발하지 않도록 해야 할 것"이라고 말했다고 한다. 왜 익산 사제 폭발물 테러가 터졌을 때는 이런 발표를 하지 않았던 걸까. 테러에도 '동의할 만한 테러'와 '반대할 만한 테러'가 있으며, '좋은 테러'와 '나쁜 테러'가 있단 말인가? 박근혜 대통령은 익산 사제폭발물 테러에 대해 침묵하지 말았어야 했다.

어찌 보면 익산 사제폭발물 테러를 저지른 학생 역시 '종북몰이'의 또 다른 피해자다. 그가 불붙은 폭발물을 들고 연단을 향해 걸어 나오기 전 내게 "북한을 '지상낙원'이라고 했다면서요?"라고 질문을 하지 않았던가. 일부 언론이 허위보도를 일삼고 이를 이용해 종북몰이를 하는 실정을 보면, 그 청년도 피해자임이 분명하다. 테러 행위의 근원은 언론 허위보도에 있었으니까.

경찰 수사를 받는 동안 나는 폭발물을 온몸으로 막아 얼굴에 화상을

몸으로 폭발물을 막아준 주권방송 곽성준 기자와 함께.

입고 입원 중인 생명의 은인 곽성준 씨를 만났다. 그분은 만약의 사태에 대비해 몇몇 지인들을 제외하고는 병원의 위치도 숨긴 채 허술한 병실에서 치료를 받고 있었다. 얼굴과 손에 붕대가 칭칭 감겨 있었다. 각계각층의 사람들에게서 엄청난 성금이 모였는데, 치료비를 지불한 뒤 나머지는 통일운동을 하시는 분들을 위해 쓸 것이라면서 미소를 지어 보였다.

일개 아줌마의 여행 소식, 정당 해산 뉴스를 덮어버리다

머물고 있는 독자댁으로 돌아오니 텔레비전에는 여전히 내 얼굴이 나오고 있었다. 아무리 충격적인 뉴스라고 해도 1~2주를 넘기지 않는 법인데, 내 얼굴이 뉴스 화면에 나온 지 대략 50일이 돼 간다. 놀라운 일이다.

그 사이 '통합진보당 해산'이 벌어졌다. 이 사건이야말로 지속적으로

다뤄져야 할 뉴스였다. 그러나 이 사건은 흐지부지 사라졌다. 당시 한국에서 이보다 더 큰 뉴스거리가 있었을까. 국민의 10% 이상 지지를 받은 정당을 어떻게 해산시킨단 말인가. 국민의 지지율을 떠나, 한 정당의 생존은 유권자가 결정하는 것이지 국가가 결정하는 게 아니지 않은가.

통합진보당이 '종북정당'이라는 헌법재판소의 결정이 있었는데, 인터넷을 통해 이 정당에 대해 알아보니, 내 짧은 지식으로 볼 때 통합진보당은 좌익 정당이라고 할 수도 없었다. 좌익과 우익을 판단하는 잣대 중 하나가 재산권, 특히 토지의 소유권 제한 여부 아니겠는가. 그러나 이 정당의 강령 어디에도 재산권 제한에 대한 내용은 찾아볼 수 없었다. 게다가 민족주의 성향을 강하게 보이고 있으니, 서구 기준으로 볼 때 통합진보당은 중도 우파에 해당하는 정당으로 판단됐다.

이런 정당을 두고 헌법재판소가 해산을 결정하다니, 얼마나 중요하고 충격적인 사건인가. 이런 뉴스를 주요하게 다루지 않고 '한 재미동포 아줌마의 북한 여행담'이 비중 있게 다뤄진다. 뭔가 잘못돼도 한참 잘못됐다는 생각이 들었다.

일부 언론이 통일토크콘서트를 다루는 수준도 형편없었다. 어떤 방송은 무속인을 출연시켜 내 관상을 분석한다. 글쎄 내 얼굴이 '종북 관상'이란다. 또 어떤 방송은 점쟁이를 출연시켜 이름을 풀이한다. 내 이름도 '종북 이름'인 모양이다. 그리고 결혼 때도 보지 않았던 남편과 나의 궁합까지 봐준다. 내가 종북이 될 수밖에 없었던 궁합인가 보다. 이런 방송을 보고 있자니 화가 나기에 앞서 민망함이 치밀어 올랐다. 이게 모국 언론의 수준이라니 얼굴이 화끈거린다.

내가 '초대소'에 머물렀다고? 어떤 곳인지 나도 궁금

이 방송들은 허위보도를 내보낸 뒤 평론가들을 출연시켜 나에 대한 저급한 비난을 퍼부었다. 또 탈북자를 스튜디오에 불러 내 북한 여행에 대한 분석을 진행한다. 그 탈북자에 의하면 북한의 무슨 부서에서 나를 특별관리한다고 한다. 또 내가 평양의 '초대소'라는 곳에서 머물렀을 것이라고 이야기한다. 나는 평양에 가면 항상 '고려호텔'에 머무른다. 이밖에 '해방산호텔'에서 열흘, 그리고 '양각도호텔'에서 하루 머무른 적이 있다. 매일 여정을 기록한 북한 기행문 연재나 출판물을 보면 그날그날 어디서 머물렀는지, 사진과 함께 자세히 기록돼 있다.

그 탈북자는 '초대소'는 '공짜'이며 시설도 좋다고 한다. 대체 어떤 곳인지 궁금하다. 더군다나 공짜라고 하니 귀가 번쩍 뜨인다. 왜냐하면, 우리 부부는 북한 관광을 한 번 갈 때마다 꽤 큰돈을 쓰기 때문이다.

비행기 요금, 북한 조선국제려행사에 지불하는 요금, 쇼핑이라든가 개인적으로 필요한 돈을 포함해 열흘 기준 관광비용이 1인당 3백만 원가량이다. 거기에 비행기 요금은 1인당 약 5백만 원. 이외에 여러 가지 비용을 포함하면 1인당 1천만 원이 넘으니, 한 번 북한에 갈 때마다 총 2천만 원 이상이 소요된다. 그런데 '초대소'라는 곳에 머무르면 모든 게 공짜라니 적어도 조선국제려행사에 지불하는 돈은 절약할 수 있지 않겠는가.

북한에서 내 요청을 들어줄지는 모르겠지만, 다음에 북한에 가게 되면 꼭 초대소라는 곳에 머물게 해달라고 부탁해봐야겠다. 그래서 대체 초대소라는 곳이 어떤 곳인지, 호텔보다 더 좋은 시설을 갖추고 있는지 사진과 함께 독자에게 보여드리고 싶다.

탈북자의 추측은 여기서 끝나지 않았다. 그는 내가 북한에서 적어도 5만 달러에서 10만 달러는 받았을 것이라고 말했다. 북한이 해외동포 관광객에게 그렇게 큰돈을 쥐여줄 여유가 있는 나라란 말인가. "북한 정부가 돈이 없어 주민들이 굶어 죽어간다"는 평소 자신의 말과 배치되는 말 아닌가.

또 이 방송은 내가 북한 문화성 초청으로 평양에서 공연했을 당시의 〈로동신문〉 기사를 인용하면서 내가 '수령님을 흠모하는 마음으로 노래를 불렀다'고 보도했다.

2012년 2월 북경에서 북한과 미국은 소위 '2.29 합의'라는 문서에 서명했다. 그 합의 내용 중 하나가 '북한과 미국간의 문화·예술·체육 등의 교류'였다. 그때 나는 북한 문화성의 초청을 받고 흔쾌히 승낙했다. 당시 미국인들로 구성된 150명의 남성합창단도 함께 참가했다.

나는 〈로동신문〉에 난 기사를 읽어볼 기회가 없어 어떤 식으로 보도됐는지 알 길이 없다. 다만 "어느 학교에서 음악을 공부했으며 어디에서 온 누구냐"라는 〈로동신문〉 기자의 질문에 "남한에서 태어나, 이화여대에서 학사 학위를, 그리고 미네소타 주립대학에서 석·박사 학위를 받았으며 지금은 가정주부로 캘리포니아에서 살고 있다, 노래를 안 부른 지 10년이 넘어 노래가 잘 안된다"라고 답했을 뿐이다.

〈로동신문〉은 얼마든지 "출연자들은 수령님을 흠모하는 마음으로 공연을 했다"라고 보도했을 수 있다. 그러나 그것은 기사를 쓴 〈로동신문〉 기자의 말이지 내가 한 말이 아니지 않은가. 그러나 언론은 이를 인용하며 마치 내가 그런 말을 한 것처럼 방송에 내보내고 있었다.

어떻게 이런 여러 가지 거짓말을 방송에 나와 버젓이 사실인 것처럼 말할 수 있을까. '종북몰이'에 관한 것이라면 무슨 말을 해도 면죄부가 주어지는 것인가. 나는 변호사를 통해 이 탈북자를 비롯해 방송에 출연해 나의 명예를 훼손한 평론가들을 고소했다. 현재까지 법정 소송을 진행하고 있는 중이다.

'악마의 나라 북한'은 이제 그만

한국의 수많은 방송국들은 긴 시간을 할애해 북한 관련 뉴스를 내보낸다. 아마도 북한이 없었다면 이 방송국들은 문을 닫아야 할 판이다. 그런데 그들이 내보내는 북한 관련 뉴스 대부분이 사실에 근거하지 않은, 픽션에 가까운 '카더라' 수준이다.

한국 방송에서 연속극만 봐오던 나는 첫 북한여행을 마치고 미국에 돌아가 북한 관련 동영상들을 유튜브를 통해 찾아봤다. 방송 내용이 내가 어려서 받았던 반공교육 수준을 벗어나지 못했다. 많은 것들이 내가 본 북한, 그리고 북한동포와는 거리가 멀었다. 이것이 바로 내 경험을 기록으로 남겨야겠다고 다짐하고 연재를 결심하게 된 이유 중 하나였다. 물론 더 큰 이유는 나와 평양에 있는 수양가족 사이의 사랑 이야기를 전하고 싶었기 때문이지만.

북한은 우리와 분리해서 생각할 수 없는 나라다. 그렇기 때문에 방송에서 북한을 자주 다루는 건 바람직한 일이다. 그러나 지금과 같은 '언론의 북한 악마화'는 자제해야 한다. 사실에 근거한 보도와 비판이 '민족의 화합과 조국의 평화적인 통일'에 기여하지 않겠는가. 그리고 방송에서 북한의 가슴 아픈 경제적 결핍을 희화화하는 것 또한 다시 생각해 봐야 할 문제다. 왜냐하면, 북한동포들의 그러한 궁핍한 모습은 '그들만의 문제'가 아닌 '우리의 문제'이기 때문이다.

|제10장| 한국, 자유민주주의국가 맞나

'우울한' 새해, 2015년이 밝았다. 언제까지 이렇게 잡혀있어야 한단 말인가. 나도 개인적인 생활이 있는 사람이고, 집에 아이들이 있고 살림을 하는 주부다. 문득, 어서 빨리 나를 재판에 회부해주면 좋겠다는 생각이 든다. 법정에 서서 사실을 명명백백히 밝히고, 대한민국 사법부의 판단을 받고 싶다.

출국정지가 해제돼 집에 돌아가 엄마를 걱정하면서 기다리고 있을, 사랑하는 아이들을 만나고 싶다는 생각뿐이다. 그렇게만 해준다면 나는 자비를 들여서라도 재판이 있을 때마다 한국에 올 것이다.

내가 머무는 곳을 아는 독자들이 새해 선물을 보내 위로한다. 강릉에서 온 산 문어, 섬진강에서 온 돌게장, 울산에서 온 과메기, 완도에서 온 미역과 김, 그리고 굴, 소래에서 온 꽃게장·명란젓·창난젓, 임진강에서 온 자연산 민물장어 등을 한 입 한 입 넣을 때마다 눈물이 복받쳐

2011년 10월 원산의 한 식당에서.

오른다. 한국에 통일을 염원하는 분들이 이렇게 많다는 생각에 다시금 힘을 얻는다.

우리에게 안식처를 제공해준 부부께서 남편이 좋아하는 민물고기 매운탕을 먹으러 가잔다. 나는 얼굴을 머플러로 가리고 모자를 푹 눌러쓴 채 따라나섰다. 강변의 허름한 식당에 도착했다. 식당 주인이 손수 잡은 민물고기들이 수조에 담겨있다. 낚시를 좋아하는 남편이 수조를 들여다보면서 어린아이처럼 좋아한다. 내게 물고기 이름을 하나하나 가르쳐준다. 메기, 구구리, 미꾸라지, 참게, 뱀장어, 붕어….

민물새우로 우려낸 매운탕 국물이 정말 시원하다. 첫 북한여행 중 원산에서 먹었던 가물치 매운탕 국물이 생각난다. '남이나 북이나 우리의 입맛이 어쩌면 이렇게 똑같을까' 생각을 하니 슬그머니 미소가 지어진다.

식사를 마친 우리는 파주로 향했다. 도로 양옆으로 드리워진 철조망이 눈에 들어온다. 북한에 가까이 가고 있는 게다. 도착한 곳의 동네 이름이 기억이 나진 않지만, 그곳에는 서양식 카페들이 참 많았다. 이곳에서 멀지 않은 휴전선 바로 너머에는 우리 식을 고집하고, 바로 그 아래는 서구 문화가 자리 잡고 있다. 이 둘이 조화를 이뤄 문화발전을 이룩하면 좋겠다. 동북아시아에 그런 나라가 하나 있다. 아쉽게도 바로 일본이다.

집에 돌아와 텔레비전을 켰다. 여전히 나에 대한 '중계방송'이 이어지고 있다. 경찰이 불구속 기소 의견으로 나를 검찰에 송치할 것이며, 검찰은 기소유예 후 강제출국을 고려하고 있다는 소식이다. '기소(indict)' '불기소(dismiss)'는 알겠는데 '기소유예'는 무슨 말인지 도통 모르겠다. 그나저나 아직 검찰에 송치도 안 됐는데 언론은 '기소유예 후 강제출국 시킬 것'이라는 걸 어떻게 알고 있는지…. 한국 언론은 검·경의 속내를 빤히 들여다보고 있다.

경찰만도 못한 검찰

언론이 보도한 대로 나는 검찰의 소환을 받고 2015년 1월 7일 출두했다. 내가 서울중앙지방검찰청에 나타나자 건물 앞에서 진을 치고 있던 기자들이 기다렸다는 듯 카메라 셔터를 눌러대고 마이크를 들이민다. 나는 기자들에게 마음에 있는 말을 모두 토해내고 청사로 들어섰다.

검찰청 조사실에는 속기사 한 사람이 있었다. 그리고 검사 두 사람이 교대로 질문을 하고 밖에서는 부장검사가 지휘를 하고 있는 듯했다. 경찰에게 받았던 질문과 전혀 다를 바 없는 '한심한' 질문들을 반복해서 듣는다. 강연과 책, 그리고 연재 기사에 나오는 '대동강맥주' '휴대전화' '북한의 강물' 등등. 참다못한 나는 검사에게 이렇게 말했다.

2012년 4월 평양대극장 공연이 끝난 뒤 해외동포공연단과 함께. (왼쪽에서 두 번째가 신은미 씨)

"제가 지금 언론의 허위·왜곡 보도 때문에 이 자리에 오게 됐는데 검사님 역시 똑같이 왜곡된 질문을 하시니 제가 어떻게 해야 할지… 정말 실망이고 당황스럽네요. 훌륭하신 분들께서 죄를 캐내시기 위해 이런 질문을 하시네요. 정말 애쓰십니다."

이번엔 내가 강연장에서 부른 〈심장에 남는 사람〉이라는 북한 노래에 대한 질문이 나왔다. "이 노래가 어떤 노래인지 아느냐" "지도자를 찬양하는 이런 노래의 배경 정도는 알고 불러야 하는 것 아니냐" "심장에 남는 이가…" 검사는 숨도 안 쉬고 장황하게 질문을 던졌다.

나는 검사에게 "이 노래는 한국의 많은 가수들도 부르고, 또 음반에 수록된 것으로 알고 있다"라고 말했다. 그랬더니 돌아온 검사의 대답, 속된 말로 '돌아버릴' 지경이다.

"같은 노래라도 듣는 사람들이 어떤 사람들이냐에 따라 달라진다."

다시 말해 '관객의 질에 따라 노래의 질이 달라진다'는 분석이다. 세상에 그렇게 어렵다는 사법고시에 합격한 수재들이 음악에 대해서는 이처럼 무지할 수 있을까.

나는 되레 그 반대라고 설명해줬다. 노래나 연주는 듣는 사람에 따라 달라지는 게 아니라, 연주자가 곡을 어떻게 해석하고 어떤 감정과 기법으로 연주하느냐에 따라 달라진다고. 덧붙여 "강연장(토크콘서트)을 찾은 사람들 중에는 어린아이도 있고, 학생들도 있고, 가정주부도 있었다, 각양각색의 사람들이 있는데 검사께서는 그들을 모두 '빨갱이'로 몰아가고 싶으신 것이냐"라고 반문했다. 검사의 논리에 따르면 예전 평양을 방문해 '원조 빨갱이들' 앞에서 공연한 한국 가수들의 노래는 모두 '이적 노래'가 되고 만다.

검찰은 경찰보다 훨씬 합리적이고 이성적일 것이라는 내 예상은 '완전히' 빗나갔다. 비록 경찰이 '질긴놈'이라는 아이디로 소환장을 보냈다 할지라도 수사 수준은 검찰보다 나은 듯했다. 적어도 경찰은 "노래란 듣는 사람에 따라 달라진다"는 무지한 말은 하지 않았으니까.

미국과 달리 한국에서는 경찰이 수사권을 갖고 있지 않은 것으로 알고 있다. 내 경험에 비춰 보니, 검찰이 갖고 있는 수사권을 경찰에 줘도 별 문제가 없겠다는 생각도 든다.

"문체부와 통일부도 기소하셔야죠"… 대답 없는 검사

검사는 내게 "왜 북한의 인권문제라든가 또는 3대 세습에 대해서는 언급하지 않았냐"라고 물었다. 나는 검사에게 이렇게 말했다.

"검사님은 외국 여행을 가면 그 나라의 인권문제 같은 걸 알아보러 다니시나요? 저는 북한 문제 전문가나 학자로 북한을 연구하기 위해 간 것이 아니라 관광하러 간 거예요. 외국 관광객들이 한국에 와서 쪽방촌을 찾아다니고, 감옥이나 구경하고, 집회 장소에 찾아가 인권 유린 문제를 파악하고 다니나요?"

검사는 내 말에 아무런 대답도 하지 않았다. 그러자 곧이어 검사는 '신은미 씨가 종북인사 황선 씨에게 이용당했다'는 식으로 말한다. 즉 '당신의 의도는 그게 아닌데 황선 씨에게 이용당했으니, 이를 인정하라'는 것 같다. 나는 단호히 반박했다.

"만일 주최 측이나 황선 씨가 내게 어떤 특정한 발언을 해달라고 부탁을 했다거나, 그래서 내가 그들이 부탁한 발언을 그대로 했다면 그들에게 이용당했다고 할 수 있겠습니다. 그러나 그들은 내게 그런 부탁을 한 적이 없어요. 나는 그들과 청중에게 북한에 관한 나의 관찰 내용과 보고 느낀 이야기를 했으니까요. 오히려 제가 그들을 이용한 셈이 되지요."

그러자 검사는 "신은미 씨는 북한에 이용당하고 있다, 게다가 신은미 씨 스스로가 그 빌미를 제공한 것이 된다"라고 말한다. 아마도 이 사건을 북한에서 대대적으로 보도하고 있기 때문에 그런 말을 하는 게 아닌가 생각했다. 나는 검사에게 "북한에 빌미를 제공한 것은 내가 아니라 한국의 언론이 아니냐"라고 답했다. 나아가 "나를 이용한 것은 황선도 아니요, 북한도 아니다, 정작 나를 이용한 것은 한국 정부다"라고 말했다.

"한때는 문화체육관광부가 제 책을 우수문학도서로 선정해 전국 공공도서관에 비치했지요. 게다가 통일부는 나를 다큐멘터리에 출연시켰고요.

통일 홍보 목적으로요. 그러더니 이제는 언론을 동원해 절 '종북몰이' 하고 있잖아요. 나를 기소하려면, 문체부와 통일부도 함께 기소하셔야죠."

검사는 아무런 말도 하지 않았다.

여행기에 대한 북한의 반응

한국에 와서 '종북몰이'를 당하면서 검·경 수사를 받고 있자니 내 책에 대한 북한의 입장이 생각난다. 사실 북한도 내 기행문을 좋아하지 않았다. 그것은 두 가지 이유 때문이다.

첫째. 나는 기행문에서 북한 김일성 주석과 남한 박정희 대통령을 함께 거론했다. 김일성 주석의 시신이 안치돼 있는 금수산 궁전을 방문했을 때, 그곳을 찾은 북한 주민들의 표정 속에서 나는 그들이 김일성 주석을 진심으로 존경하고 있다고 생각했다.

김일성 주석의 서거 당시 북한 주민들의 오열을 거짓으로만 생각했던 나는 그들의 슬픔이 진실이었다는 생각을 하게 된 것이다. 나는 책에 "박정희 대통령 서거 당시에도 많은 국민들이 통곡하지 않았던가"라면서 북한 주민들의 오열도 사실일 것이라고 써넣었다. 바로 이 부분이 문제가 됐다. "어떻게 김일성 주석을 일본군 장교로 독립군을 토벌하던 박정희 대통령과 비교할 수가 있느냐"라는 반응이 나왔다. 솔직히 이는 북한의 관점에서 볼 때 큰 '불경'을 저지른 것과 다름없는 일이었다.

또 다른 이유는 내가 책 속에서 북한을 "가난한 나라"라고 묘사했기 때문이다. 나는 책의 서문과 본문에 "내게 북한은 어떤 나라냐고 물으면 나는 '아름다운 사람들이 사는 가난한 나라'라고 답하곤 한다"라고 써놨다. 이것이 문제가 됐다. "북의 인민들은 가난하다고 생각하지 않는데 왜 당신은 가난하다고 평가하느냐"라는 반응이 돌아왔다.

내가 수양딸 설경이의 집 방문을 부탁하려고 북한 '해외동포위원회' 부국장이라는 분을 만났을 때였다. 그는 앞서 이야기한 두 가지를 지적했다. 그러나 차를 마시면서 담소를 나누는 가운데 지나가는 이야기로 할 정도였다. "신 선생이 남쪽에서 태어나 자랐고, 또 지금은 미국에서 살고 있으니 이해한다"라는 식으로 이야기하면서 말이다.

지금 내가 검·경의 수사를 받으면서 이 난리를 겪고 있자니, 대체 한국은 정말 자유민주주의 국가가 맞긴 한 건지 묻지 않을 수가 없다.

검찰의 회유, 적반하장이 따로 없었다

검사는 내게 "'물의를 일으켜 미안하다'는 말을 할 수 있겠느냐"라고 물었다. 내가 거부하자 이번에는 조금 수위를 낮춰 "'물의를 일으켜 유감이다'고 표명할 수 있지 않겠냐"라고 재차 묻는다. 나는 거꾸로 "언론의 허위·왜곡 보도로 내가 이런 곤란을 겪었으니 참으로 유감입니다"라고 맞받아쳤다.

적반하장이 따로 없다. 언론의 허위·왜곡 보도와 마녀사냥식 '종북몰이'로 엄청난 고통을 입었고, 사제 폭발물 테러로 생명까지 잃을 뻔한 피해자에게 '미안하다'는 말을 하라니…. 이 나라에 정의라는 게 있긴 한 걸까.

검사는 마지막으로 내게 하고 싶은 말이 있으면 하라고 했다. 나는 검사에게 "혹시 시간이 나시면 제 책을 한 번 읽어보시라"고 부탁했다. 시간이 없다면 서문만이라도. 죄를 캐내기 위해 읽는 게 아니라, 마음으로 읽어봐 달라는 뜻이었다. 그리고 "남북관계가 좋아지면 꼭 한 번 북한을 방문해보시라"면서 "그러면 제가 책을 통해 무슨 말을 한 건지 이해가 되실 것"이라고 덧붙였다.

부장검사라는 분은 내게 "신 선생님이 의도한 것과는 달리, 사람에게는 이따금 이런 일이 생길 수 있습니다"라면서 "모국에서 있었던 일은 훌훌 털어버리고 편안한 마음으로 가시라"고 위로의 말을 건네기도 했다. 그리고 나와 장시간 사투를 벌이며 조사를 벌였던 한 검사는 내게 "혹시 미국에 가게 되면 신 선생님 댁을 방문해도 좋습니까? LA갈비라도 구워주실래요?"라고 농담도 던졌다.

이 검사 농담이 사뭇 친근하고 개방적이다. 검사와 무고한 시민과의 관계는 이래야 한다. 나는 "그럼요, 언제든지 오세요"라고 답례했다. 그리곤 마음속으로 '꼭 오시라, 정원에서 멋진 파티를 열어 드리겠다'라고 말했다.

장시간 조사를 마치고 속기록을 점검하는 시간. 경찰 조사 때보다 속기록 두께가 훨씬 더 두꺼워 보인다. 이 과정 역시 몇 시간 소요됐다. 나는 새벽 3시가 넘어서야 검찰청을 떠날 수 있었다.

나는 검사들이 비합리적으로 비이성적이라서 조사 중에 그런 '한심한' 질문을 했다고 생각진 않는다. 그들 역시 경찰과 마찬가지로 국가보안법에 의거해 위반사항을 캐내는, 그저 자신들의 '임무'를 수행했을 뿐이라고 생각한다.

　조사를 받는 동안 부장검사는 제일 아낀다는 차를 대접해주기도 하고, 수시로 다과를 내다줬다. 내 건강을 살펴준 검사들에게 깊은 감사를 드린다.

|제11장| 강제출국 그리고 귀가

검찰과 경찰에 의한 장기간의 조사가 심신을 많이 지치게 만들었나 보다. 아침에 눈을 뜨니 몸과 마음이 허공을 떠다니고 있는 듯, 방안이 빙빙 돈다. 응접실 텔레비전에서 내 이름이 거론돼 간신히 정신을 차리고 일어났다. '검찰이 기소를 유예하고 강제출국을 결정했다'는 뉴스가 흘러나온다.

강제출국 보도가 나오자 그동안 잠잠했던 외신 기자들에게서 갑자기 인터뷰가 쇄도한다. 〈워싱턴포스트〉, 〈AP〉, 〈엘에이타임스〉, 〈월스트리트저널〉, 〈뉴욕타임스〉, 〈허핑턴포스트〉, 〈이코노미스트〉 등등.

그러나 그들의 관심사는 한국 기자들의 그것과는 달랐다. 한국 기자들은 '내가 강연에서 북한에 대해 어떤 발언을 했는가'에 관심을 갖은 반면, 외신기자들은 '표현의 자유와 한국의 국가보안법'에 관심을 보였다.

그동안 조용했던 미국 정부도 이 사건에 대해 언급했다. 국무성 기자

미국은 한국의 국가보안법이 표현의 자유를 침해하는 것에 우려를 표명했다. ⓒ 아리랑TV 화면 갈무리

회견 당시 내 사건에 대해 한 기자가 질문을 던졌고, 젠사키 국무성 대변인은 "신은미, 공식 이름 에이미 정, (우리는) 사건을 주시하고 있으며 한국에서의 표현의 자유와 국가보안법에 대해 우려한다"라는 발언으로 관심을 드러냈다.

졸지에 '종북인사' 자식이 된 아이들

얼마 후 변호사에게서 전화가 왔다. 내게 "내일 출입국관리소의 관리들과 모임이 있으니 변호사 사무실로 나와 달라"라고 전한다. 나는 그동안 신세를 진 분들께 인사드리며 가방을 싸기 시작했다.

이튿날 변호사 사무실. 그곳에는 법무부 출입국관리소에서 온 세 사람이 있었다. 그들은 출국 당일 내 일정에 대해 의논하고자 왔다고 설명했다. 이들은 강제출국을 집행하기 위해 나온 사람들 같지 않게 상당히 친절했다.

그들은 내 움직임을 시간대별로 세세히 설명해주면서 안전한 출국을 위해 만전을 기할 것이라는 말로 나를 안심시키려 했다. 출국날 우리의 동선도 결정됐다.

2015년 1월 10일, 드디어 미국 집으로 돌아가는 날이다. 아이들이 보고 싶다. 미국에서도 내 소식을 다 듣고 있었을 텐데, 얼마나 걱정이 컸을까. 또 졸지에 '종북인사'의 자식들이 됐으니, 속으로 얼마나 나를 원망하고 있을까.

내가 머물고 있던 집으로 출입국관리소 차량 두 대가 도착했다. 나와 남편, 그리고 내 수행비서를 해주시는 분을 태운 차량은 안국동에 있는 출입국관리소에 닿았다. 경찰 병력이 인도를 차단하고 도열해 우리가 건물로 안전하게 들어갈 수 있도록 길을 터줬다.

건물 로비에는 기자들이 우리를 기다리며 진을 치고 있었다. 우리는 법무부 출입국관리소 직원들의 안내를 받으면서 기자단을 지나쳐 2층 사무실로 들어갔다. 출입국관리소 직원이 우리에게 말했다.

"원래는 구치소에 있다가 시간이 되면 출국하는 게 원칙이지만, 어떻게 그러실 수가 있겠습니까. 곧 서류절차를 밟으신 뒤 내려가 기자회견하시고 공항으로 출발하시면 됩니다. 공항에서 친지분들과 30분 동안 작별인사하는 시간이 마련돼 있습니다."

출입국관리소는 '구치소'라는 절차를 생략해줬다. 이건 모국이 내게 베푸는 마지막 친절일 게다.

강제출국 집행, 공항은 아수라장

기자회견을 마친 나는 차량에 올라 앞서가는 차의 에스코트를 받으며 인천공항으로 향했다. 차량은 사이렌을 울리면서 신호를 무시한 채 도로를 달렸다. 내가 탑승한 차량 뒤로 한 방송국 차량이 뒤따라왔다. 카메라를 내놓고 인천공항까지 가는 내내 영상을 촬영한다. 아…, 이 무슨 자원과 인력 낭비란 말인가.

인천공항 근처에 있는 출입국관리소 건물에 도착했다. 생각했던 것보다 엄청나게 많은 사람들과 기자들이 우리 차를 둘러쌌다. 우리가 차 안에서 기다리고 있는 동안 동승했던 출입국관리소 직원이 차량에서 내려 건물로 들어간다. 그는 곧 돌아와서 "너무 많은 사람들이 와 있어 안전을 보장할 수 없으니, 배웅하러 오신 분들과의 만남을 생략하고 떠나야 한다"라고 말했다.

우리가 탑승한 차가 움직이려고 하자 주차장 일대가 아수라장으로 변했다. 누군가는 출발하려고 후진하는 차량의 바퀴 아래로 들어가려고 하고, 또 어떤 이는 움직이는 차량에 몸을 던졌다. 차량이 더 이상 나아가지 못하고 멈췄다. 얼마 지나지 않아 미리 와 있던 변호사님이 차량 안으로 들어왔다. 그리곤 함께 있던 법무부 직원과 현재 상황을 의논했다.

변호사는 "신은미 선생을 이대로 출국시켰다가는 무슨 일이 벌어질지 모르니, 어떻게 해서라도 배웅하러 온 이들과의 만나게 해줘야 한다, 약속을 지켜야 한다"라고 말했다. 법무부 직원과 변호사가 차량에서 내려 다시 건물로 들어간다. 결국 배웅하러 온 이들과의 만남은 성사됐다. 어디서 왔는지 공항경찰대가 차를 둘러싸고 도열해 우리가 건물로 들어설 수 있도록 길을 터줬다.

공항 로비에 들어서서 기자회견을 마친 나는 "몸은 비록 강제출국 당하지만 내 마음까지 그럴 수는 없다, 어려움 속에서도 남북의 화합과 평

2015년 1월 10일 강제출국에 앞서 인천 출입국관리소에서 기자회견 하는 신은미 씨. ⓒ 오마이뉴스

화적인 통일을 위해 고군분투하는 나의 사랑하는 동포들, 그리고 어떠한 힘든 상황에서도 소망의 끈을 놓지 않고 열심히 살아가는 모국의 동포들과 항상 함께할 것"이라는 출국 성명을 남기고 사람들과 눈물의 작별을 했다. 통일토크콘서트 주최 측을 비롯해 수많은 독자들이 환송해줬다. 통일을 향한 끝없는 의지와 열기를 느낄 수 있었던 순간이었다.

▌출국 성명

지난 2014년 11월 19일, 서울 조계사에서 첫 '통일토크콘서트'가 열렸습니다.

첫 콘서트 끝나기가 무섭게 몇몇 종편 언론들이 마녀사냥식 종북몰이로 '북한을 지상낙원이라 했다' '북한 3대 세습을 찬양했다' '11월 19일, 북한 인권 결의안이 통과된 날에 맞추어 콘서트를 연 저의가 뭔가'라는 등의 허무맹랑한 이야기를 해 가며 '통일토크콘서트'를 '종북콘서트'라고 허위, 왜곡보도하기 시작했고, 심지어는 '북한에서 지령을 받고 내려왔다'는 등 그 황당한 허위, 왜곡의 수위는 날로 더 높아만 갔습니다.

마침내 세뇌에 가까운 허위 보도를 지켜 본 한 청년이 2014년 12월 10일에 '익산 강연장'에서 폭발물테러까지 저지르게 되었습니다. 인간이 살아가는 세상에서는 절대로 일어나서는 안 될 테러가 일어난 것입니다. 이 또한 한 종편의 '마녀사냥' 결과물이며, 그 청년 역시 희생자입니다.

그러나 대통령께서는 폭발물테러에 관하여서는 단 한마디도 언급을 하지 않으시고 오히려 종편의 보도를 따라 '통일토크콘서트'를 '종북 콘서트'라고 명명하시며 낙인까지 찍으셨습니다.

저는 테러의 피해자 임에도 불구하고 세 차례의 출국정지를 당해가며 거꾸로 가해자의 신분이 되어 세 차례, 35시간이 넘는 긴 시간 동안 경찰에서, 그리고 또 한 차례, 15시간에 걸쳐 검찰에서 조사를 받았습니다.

사실 11월 19일의 토크콘서트 내용에 관해서는 짧은 시간 안에 조사가

가 끝났습니다. 대부분의 시간을 저의 책, 그리고 미국에서의 활동에 대한 조사로 보냈습니다.

11월 19일의 콘서트는 2014년 8월부터 이미 계획이 되었으며, 콘서트 날짜는 2014년 11월 22일과 12월 5일에 한국에서 있을 저의 가족 행사에 맞춰 정해졌으며, 적어도 '통일토크콘서트' 한 달 전부터는 광고가 나간 상태였습니다. 그러니 '11월 19일, 북한 인권결의안 통과 날짜에 맞춰 콘서트를 열었다'는 종편의 억지 주장은 어불성설입니다.

뿐만 아니라 '북한은 지상낙원이다'라고 한 허위 보도에 대해서도 경찰에서는 '토크콘서트에서 그런 말 한 사실 없다'라고 조사에 대한 사실을 발표했으며, '북한 3대 세습을 찬양했다'라는 허위 사실에 대해서도 사실무근임이 조사 내내 잘 밝혀졌습니다.

토크콘서트에 관한 조사가 끝난 후, 장시간 동안 국가보안법에 해당되는 죄몫을 찾기 위해 저의 책인 《재미동포 아줌마, 북한에 가다》와 몇 년에 걸쳐 수십 차례 동안 해왔던 국내외의 강연 내용에 대한 심도 깊은 조사를 했습니다.

이미 정부(문화체육관광부)는 통일에 도움이 된다며 '우수문학도서'로, 그리고 통일부는 홍보를 위해 다큐멘터리 제작으로 제 책과 강연 내용에 관한 검증을 다 해 주었고, 뿐만 아니라 여러 TV방송을 포함한 많은 언론 매체들에서 책의 내용과 사진들, 저의 인터뷰가 지금의 북한을 아는데 도움이 된다며 이 점을 높이 사 방영을 했습니다. 공영방송인 KBS는 제가 북에서 찍어온 동영상을 다큐멘터리 제작에 사용하기도 하였습니다.

그렇다면 이러한 정부를 비롯한 많은 TV, 언론매체들도 북한 찬양에 동참한 것이 됩니다. 그럼에도 이들은 말로 다 표현할 수 없는 모순된 이야기들로 저에게서 국가보안법 위반에 해당하는 죄목을 찾으려 했습니다. 이러한 비상식적이며 비이성적인 상황에서 조사가 이루어졌으니 당연히 저에게서 확실한 죄목을 찾을 수 없었을 것입니다.

마지막 조사 날에는 '출입국관리법 위반'에 대한 수사를 했습니다. '외국인이 남의 나라에 관광으로 들어와 강연을 했다. 위법이다. 그리고 남의 나라에 들어오면서 그 나라 출입국 관리 위반 지침서 정도는 한 번 살펴보고 와야 하지 않나' 등의 이유가 '출입국관리법'을 위반한 죄목이 되었습니다.

8백만 해외 동포들은 자신들의 모국에 들어오면서 단 한 번도 외국사람이라는 마음가짐으로 들어오지 않을 것입니다. 이곳, 대한민국이 남의 나라입니까? 내 부모, 형제, 친지, 친구들이 살아가고 있는 영원한 나의 고향입니다. 정말이지 한심하리 만큼 슬픈 질문들이었습니다.

결국 검찰은 기소를 유예하고 법무부에 저의 강제출국을 요청하였습니다. 공공안전을 해칠 우려가 있다는 이유로 말입니다.

저는 북한 여행 후, 민족애와 동포애가 생겼으며 민족의 화합과 평화적인 통일을 염원하게 되었습니다. 그리고 우리의 남과 북의 동포들은 같은 언어, 역사를 공유함은 물론 같은 음식을 먹고, '아리랑' 노래를 부르며 함께 눈물 흘리는, 오랜 세월 동안 변하려야 변할 수 없는 민족적 정서를 공유하고 있는 한 민족이요, 한 형제요, 한 겨레라는 것을 마음으로 느끼고 알게 되었습니다.

그러므로 저는 책에서나 강연에서나 '우리 남과 북의 동포들은 한 공동체를 이루어 살아가는데 아무런 문제가 없으니 하루빨리 평화로운 통일을 이루어 가자'라는 얘기를 하고 있습니다.

이렇듯 저는 '여느 나라들의 사람 살아가는 이야기와 다를 바 없는' 우리 북녘동포들의 삶과 우리가 함께 공유하고 있는 민족의 정서를 얘기하는 것입니다. 이러한 얘기들이 우리 모국의 공공안전과 이익에 해를 끼치는 일인지요.

통일의 대상은 저처럼 평범한 남과 북의 동포들입니다. 이들이 통일의 주인이며 대다수를 이루는 남과 북의 대중인 것입니다. 제아무리 정치적, 경제적, 군사적인 통일 방안을 훌륭하게 연구하고 계획을 세웠다 할지라도 통일의 대상인 저 같은 평범한 국민의 마음에 자리잡고 있는 분단의 장벽을 허물지 못하고, 서로에 대한 신뢰와 사랑을 회복하지 못한다면 그 어떤 이상적인 통일 방안도 '사상누각'에 불과할 것이라는 생각에서 하는 얘기입니다.

강제출국을 당하는 저는 앞으로 5년간 입국이 금지된다고 합니다. 괜찮습니다. 비록 몸은 강제출국 당할지라도 모국을 향한 제 마음까지는 강제출국시키지 못할 것이기 때문입니다.

저는 마치 '사막에서 물줄기를 찾아 헤매는 것' 같은 어려움 속에서도 남북의 화합과 평화적인 통일을 위해 고군분투하는 나의 사랑하는 동포들, 그리고 어떠한 힘든 상황에서도 소망의 끈을 놓지 않고 열심히 근면하게 살아가는 아름다운 내 모국의 동포들과 항상 함께할 것입니다.

여러분! 제아무리 '힘센 악'도 '선함'을 이길 수 없고, 제아무리 강건하게 포장된 '올바르지 않음'도 '옳음'을 범할 수 없습니다.

저도 늘 사랑하는 여러분을 생각하며 우리 모국의 평화와 통일을 위해 기도하며 애쓰겠습니다.

고맙습니다.

2015년 1월 10일

신은미 올림

법무부 출입국관리소 직원의 안내로 미국행 기내에 착석한 신은미 씨가 신문에 실린 자신의 기사를 착잡한 심정으로 읽고 있다. (2015년 1월 9일)

남편과 떨어진 나는 출국 절차 없이 차량에 올라 활주로를 달려 비행기에 바로 도착했다. 법무부 직원들의 에스코트를 받으면서 출국심사대를 거쳐 정식으로 절차를 밟은 남편과 나는 비행기 출입구 앞에서 재회했다.

우리는 이곳에서 출입국관리소 직원들과 마지막 인사를 나눴다. 끝까지 우리의 안전을 걱정해주고, 따뜻하게 배웅해준 대한민국 법무부 출입국관리소 직원들에게 이 글을 통해 감사의 말을 전한다.

남편과 함께 비행기에 올라탔다. 아직 탑승 시각 전이라 비행기 안에는 우리만 있었다. 승무원이 다가와 음료수를 권했다. 잠시 후 신문을 가져온다. 〈조선일보〉, 〈동아일보〉에 진절머리가 난 나는 〈한겨레〉를 집어 들었다. 한 장 한 장 넘기다 보니 내 얼굴 사진이 눈에 들어온다. 내 인터뷰 기사가 전면에 실려있다. 모국을 떠나는 순간, 2014년 11월부터 벌어졌던 일들이 뇌리를 스쳐 지나갔다.

분단의 비극은 이역만리에서도

로스앤젤레스 공항에 도착하니 또 한 번의 소동이 일었다. 나를 환영하기 위해 나온 사람들과 나를 비난하기 위해 나온 사람들 사이에서 고성이 오간다. 그중 보수단체 회원 한 명이 폭력을 휘두르다가 경찰에 체포됐다. 아수라장이다. 민족 분단의 비극이 이역만리 미국 땅에도 고스란히 젖어들었다.

공항을 빠져나온 나는 남편과 함께 우리 교회 목사님 차량에 올라 교

로스앤젤레스 공항에서 신은미 씨를 비난하며 폭력을 휘두르다 경찰에 체포된 보수단체 회원. ⓒ 민족통신

회로 향했다. 도착하자마자 김기대 담임목사님의 인도로 기도를 드린다.

"평화의 왕으로 오신 하나님. 오늘 당신의 귀한 딸이 모진 박해를 견디고 이곳으로 돌아왔습니다. 주님께서 죄 없이 십자가에 달리셨던 것처럼 평화를 선포하다가 고초를 당한 신은미 자매를 주님께서 위로하여 주시기를 바랍니다.

우리 민족의 막힌 담을 허물기 위해 고국에서 애썼던 그 모든 노고가 열매를 맺을 것이라는 우리의 믿음을 확증하여 주시고, 앞으로도 평화의 사역을 잘 감당할 수 있도록 주님께서 동행하여 주시옵소서. 우리 주 예수 그리스도의 이름으로 기도드립니다. 아멘."

은둔의 나날… 사람이 무서워지기도

미국에 돌아온 지 며칠이 지났다. 친지분들이 '위문'을 오셨다. 우리는 그분들께 식사를 대접하기 위해 동네에 있는 한 일식집에 갔다. 식사를 마치고 계산하려고 하자 음식점 주인이 말했다.

"신 선생님의 팬이라는 어떤 손님께서 음식값을 내고 가셨습니다. 저희도 지난 두 달 내내 식당에서 선생님 뉴스를 보며 영업했어요. 선생님 정말 장하세요. 저는 평소 선생님의 스타일로 볼 때 선생님께서 조국과 민족…, 뭐 그런 데 관심을 두고 있는 분인 줄 모르고 있었지 뭐예요. 선생님 정말 멋있고 훌륭하세요."

누군가 음식값을 내주고, 음식점 주인이 나를 칭찬하는 것에 기뻐하기에 앞서, 이번 사건과 관련해 미국에서마저 사람들이 나를 알아본다는 사실이 놀라웠다. 한국에서의 2개월은 내게 일종의 '대인기피증'을 남겼다. 외출을 꺼리게 되고 집에만 머물렀다. 장도 남편이 혼자 가서 봤다.

허위·왜곡보도로 나를 곤경에 빠뜨리고 국민을 오도한 일부 언론사들은 여전히 인터뷰를 하자면서 국제전화를 걸어왔다. 아직도 인터뷰를 해서 허위보도를 내보낼 게 남아 있을까. 나는 일절 응하지 않았다.

한 종편은 아예 카메라맨과 기자를 미국에 보내 우리집 방문을 시도한 모양이다. 내가 살고 있는 동네에 들어오려면 일종의 검문소 같은 곳을 통과해야 한다. 방문객이 검문소에 이름과 방문 목적을 말하면 검문소는 우리 집에 전화를 걸어 들여보내도 좋을지 묻는다. 그러니 아마 시도도 못 해보고 돌아갔을 게다. 대신 그 종편은 다른 집 창문을 촬영해 마치 우리 집을 방문한 것처럼 포장했다. 커튼으로 가려진 창문이 나왔다. 미국까지 와서 이런 전파 낭비를 하다니 그렇게 취재할 일이 없나 하고 생각했다.

|제12장| 슬프고도 아름다운 여행

오늘은 주일이다. 우리 교회 40주년 기념 예배가 있는 뜻깊은 날이다. 그런데 기자들이 교회로 올 것이라는 정보를 입수하고 집에서 예배를 올렸다. 홀로 피아노를 치면서 찬송을 부르며 간절한 마음으로 기도했다. 우리 민족이 사랑으로 하나 되는 평화적인 통일을 염원하면서….

남편의 얼굴을 보니 많이 수척해졌다. 나도 체중이 무려 15파운드(약 7kg)나 줄어 몸에 맞는 옷이 없을 정도다. 평소 요리가 취미인 남편이 온갖 음식을 만들어준다.

남편은 한식, 일식, 중식, 타이, 이탈리안, 프렌치 등 내가 좋아하는 음식들을 끼니때마다 마련해준다. 김치, 깍두기, 동치미도 담가준다. 그동안 잃었던 식욕이 조금씩 살아난다. 아마도 얼마 지나지 않아 원래의 체중을 회복할 수 있을 것 같다.

동치미와 깍두기를 담그는 저자의 남편 정태일 씨. 정 씨가 만든 스시.

진정한 용서

미국으로 돌아온 지 3주가 돼간다. 오늘은 서울에서 반가운 손님이 오는 날이다. '사제 폭발물 테러 사건'이 발생했던 전북 익산에서의 통일토크콘서트를 주최한 이재봉 원광대 교수님께서 미국 순회강연 중 우리와 며칠 함께 계실 예정으로 집을 찾아주셨다.

이재봉 교수님은 '사제 폭발물 테러' 당시 남편 바로 옆자리에 함께 앉아 계셨는데, 남편의 설명에 따르면 그때 머리에 불이 붙고 옷이 타들어 갔다고 했다. 아직도 화상을 입은 왼손에는 붕대가 감겨 있었다. 민족의 화합과 조국의 평화적 통일을 염원하면서 이 교수님과 많은 이야기를 나눴다. 그런데 식사 중 이 교수님께서 놀라운 제안을 하셨다.

"신 선생님, 혹시 익산에서 폭발물을 던진 그 청년을 양아들로 맞으실 수 있겠습니까?"

평화주의자인 이 교수님다운 제안이다. 나는 잠시 생각한 뒤 답했다.

"그 청년은 범행을 저지르기 전 SNS 상에 '만일 신은미가 죽으면 내가 한 줄 알라'는 글을 올렸다고 합니다. 자기가 죽이려고 했던 사람을 양

미국 순회강연 중 저자 집을 찾아온 원광대학교 이재봉 교수.

어머니로 모시겠다고 한다면 충분히 반성하고 새사람이 됐다고 볼 수
있겠지요?"

"······."

이 교수님은 아무 말씀도 없으셨다. 만일 사제 폭발물 테러 사건의
진상이 하등의 의문도 없이 낱낱이 밝혀지고, 그 청년 또한 깊은 뉘우침
과 함께 나를 양어머니로 맞겠다면 나는 그를 기꺼이 양아들로 받아들
일 것이라 말씀드렸다.

'의절 선언'까지 했던 친정어머니와의 재회

미국으로 돌아온 지 한 달 만에 친정어머니께서 대구에 사는 이모님

신은미 씨의 미국 집으로 찾아와 조국의 평화통일을 기원하며 기도 드린 저자의 이모와 어머니(가운데).

들과 함께 미국 우리집에 오셨다. 일부 언론의 허위·왜곡 보도를 접한 뒤 "다시는 보지 말자"라고 말씀하셨던 어머니, 그리고 이모님들께서 나를 찾아주시다니…. 오랜만에 가족이 함께 모여 예배를 드렸다. 분단으로 인한 민족의 상처를 사랑으로 치유하고, 하나 되는 조국의 평화로운 통일을 염원했다.

장로교 신자이며 기독교 원리주의자라고 할 수 있을 만큼 보수적인 신앙을 갖고 계신 외가 식구들이 북녘동포들의 안녕과 조국 통일을 위해 함께 기도를 하시다니! 우리 가족이 합심해 이런 기도를 드려보긴 난생처음이다.

나는 어머니와 이모님들을 모시고 샌디에이고에서 대학을 다니는 막딸의 기숙사를 찾았다. 미국으로 돌아온 뒤 가장 행복한 순간이다. 모국에

강제출국 당한지 한 달 뒤인 2015년 2월, 미국을 방문한 어머니와 함께 샌디에이고에서 학교를 다니는 막내딸을 찾아갔다. 2016년 11월, 미국 캘리포니아 신은미 씨 집을 방문한 친정 어머니.(오른쪽)

서 이번 사건을 겪으며 나를 가장 아프게 한 것은 다름 아닌 어머니의 의절 선언이었다. 여차했으면 언론 보도로 모녀 관계까지 끊어질 뻔한 아찔한 순간이었다.

얼마 뒤, 북한의 수양딸 김설경에게서 수양손자 의성이의 돌사진과 함께 장문의 편지가 왔다. 북한에서도 그간 한국에서 있었던 통일토크콘서트 사건을 보도해 모든 것을 알고 있다고 했다

보도를 통해 내 모습을 보고 며칠 밤을 지새웠다고 하는 수양딸에게 나는 위로가 담긴 답장을 보냈다.

"설경아, 이 엄마 때문에 마음 아파하지 않길 바란다. 그리고 이 모든 것이 조국이 분단되어 있기 때문에 일어난 일이니 이해해야 한단다. 또 우리가 짊어지고 가야만 하는 일이란다. 머지않아 평양으로 찾아가겠다."

그리운 어머니, 아버지에게 드립니다

그동안 안녕하셨습니까.

모진 고통과 괴로움을 당하신 어머니에게 이렇게 인사말을 올리는 자를 용서하십시오.

남조선에서 반통일세력의 박해와 오해속에서도 굴하지 않으시고 통일을 바라는 깨끗한 마음에서 순회강연활동을 정렬적으로 해오신 어머니의 그 수척하신 모습을 눈앞에 그려보면서 평양에서 이 편지를 올립니다.

지난해 처월부터 어머니가 남북에서 평양방문소감을 가지고 순회 《토크콘서트》출연활동을 하다가 당국으로부터 《종북》으로 몰려 갖은 박해를 받고 미국으로 돌아왔다는 소식에 접하고 놀랍한 우리 어머니에 대한 자랑과 긍지, 불안과 걱정이 엇갈려는속에 며칠밤을 뜬눈으로 새우다가 이렇게 펜을 들었습니다.

소박한 이 편지가 우리 어머니에게 무슨 위로가 될수 있을가 하는 생각도 해보았거만 오늘 조선족제려행사에서 나와 함께 일한 동무들이 나에게 수없이 전화를 걸어왔습니다.

《신문을 보았니: 네 어머니소식이 났더라. 정말 너희는 엄마와 딸처럼 다정하고 살뜰했는데 남북에서 통일을 위한 좋은 일을 하겠더라. 딸마나 훌륭한 분이니, 어서 빨리 우리들의 마음도 담아 어머니께 편지를 써보내라.……》 라고요.

나는 어머니의 모습이 자꾸 눈에 떠올라 밤에 깊은 생각들을 잖아 며

신은미 씨의 북녘 수양딸 김설경 씨가 보낸 편지의 일부.

(참조: 평양에서 온 편지 - '재미동포 아줌마' 신은미 씨의 수양딸 김설경 씨, <오마이뉴스>, 2015년 2월 8일 전문 게재)

보고 싶은 설경아!

　부족한 이 엄마를 한없이 위로해 주는 가슴 애절한 너의 편지와 너무나도 사랑스러운 손주 의성이의 돌 사진을 하염없이 눈물을 흘리며 보고 또 보고, 읽고 또 읽어 내려갔다.

　'내리사랑'이라는데… 오히려 나는 너의 편지를 읽는 내내 너에게서 내 어머니의 품 안처럼 푸근함과 큰 위로를 얻는다. 그런데 이 엄마로 인해 힘겨워했을 설경이를 생각하니 뭐라 설명하기 힘든 '마음의 통증' 같은 것이 생겨나는구나.

　설경아! 엄마는 나의 모국(한국-편집자 주)에서 당면해야만 했던 지난 시간들을 소중하게 생각하며 오히려 감사하고 있단다.

　피해갈 수 없었던, 아니 피하고 싶지 않았던 모국에서의 지난 시간들은 마치 시뻘겋게 달궈진 불구덩이 속에서 시원한 생수를 갈구하듯 '선함'과 '올바름'을 향해 몸부림쳐야 했던 시간들이었다.

　그러나 엄마는 그 상황 속에서 매우 귀중한 것들을 많이 얻었단다. 이렇게 너의 사랑까지 받고 보니 더더욱 행복하구나. 그러니 설경아, 이 엄마 때문에 마음 아파하지 않길 바란다. 그리고 이 모든 것이 조국이 분단되어 있기 때문에 일어난 일이니 이해해야 한단다. 또 우리가 짊어지고 가야만 하는 일이란다.

　'옳지 않은 사람들'에 의해 엄마의 마음이 왜곡되어 마음속에 엄청난 아픔이 생겨날 때면, 엄마는 으레 우리 예쁜 수양딸들과 북녘의 순박하고 정 많은 내 동포·형제들의 아름다운 모습들을 그려보곤 했단다. 그리고 나면 언제 그랬냐는 듯이 마음속 아픔이 싸~악 사라져 버리는 게 아니겠니!

엄마는 비록 고향을 떠나 이국만리 미국땅에서 살아가고 있지만, 늘 모태 속 태아처럼 내 사랑하는 한반도, 조국과 한몸이 되어 탯줄로 이어진 채 살아가고 있단다.

미련한 이 엄마는 50평생을 허무하게 살고 나서야 저 한반도 반쪽 땅, 북녘에 또 다른 일란성 쌍둥이 형제들이 살아가고 있음을 발견하게 되었어.

지난 2011년 10월, 처음 내디딘 북녘땅에서 너의 총명하고 맑디맑은 두 눈과 마주쳤을 때, 이 엄마는 "쾅!" 소리와 함께 천둥 번개가 치는듯한 전율을 온몸으로 느꼈단다. 뿐만 아니라 엄마는 북녘땅에서 내 동포 형제들을 마주칠 때마다 말할 수 없는 감격과 더불어 허망하게 살아온 지난 세월을 한탄하기까지 했었단다.

이제라도 형제의 정을 곱으로 나누면서 살아갈 것을 다짐하고 또 다짐해 본다.

"남녘에서의 시간이 무척 고통스러웠지만…"

우리 겨레의 분단은 마치 우리 민족에게 씌워진 악마들의 놀음, 아니 마녀가 재미삼아 걸어놓은 마법 같다는 생각이 드는구나.

우리의 분단은 분명 민족의 죄악이요, 우리는 이 죄악의 사슬에서 해방되어야 함이 우리 남과 북, 북과 남, 한민족의 당연한 사명임을 이 엄마는 반세기를 살고서야 간신히 깨달았단다.

북녘땅에서 만난 우리 딸 설경이는 하늘이 내게 내려준 축복의 선물이다. 그리고 북녘땅에서 스치며 만난 따뜻하고 정 많은 착한 동포들도 영원히 내 심장에 남는 아름다운 사람들이야.

엄마가 지난 시간 한국에서 감내해야 했던 수난과 시련의 날들은 어찌 보면 오랜 세월 동안 '배부른 돼지'마냥 오로지 나와 내 가족만을 위해 살아온 부끄러운 삶에 대한 첫값을 치른 세월이라 생각되어진다. 그저 짧은 기간 동안의 채찍질과 역경에 감사할 따름이다.

사실 솔직히 말하자면 많이 고통스러웠던 시간이기도 했지만, 그 어느 때보다 내 영혼은 기뻤고 행복했다! 그리고 내 살아온 생을 통틀어 가장 보배로운 것들을 많이 얻은 시간이기도 했어.

남과 북, 북과 남의 화해와 민족의 통일은 한민족이 이루어야 할 공의요, 정의라고 이 엄마는 생각해. 분단과 분열, 서로를 갈라놓고 싶어 하는 악의 무리들을 기필코 싸워 이겨야만 한다.

그리고 설경아!

엄마는 이번 시련을 겪으면서 오히려 우리 민족에게 드리운 희망을 봤어. 설경아, 남녘에는 정말이지 아름다운 네 형제들이 참으로 많아!

설경아! 너의 편지를 마음으로 읽으며 단번에 충만한 힘을 얻었다. 게다가 눈에 넣어도 안 아플 사랑스러운 의성이를 보고 있노라면 세상의 그 어떤 걱정과 시름도 단박에 날아가 버리고 온통 세상은 미소로 가득하다. 단숨에 달려가 꼭 껴안고 입 맞추고 싶구나.

2013년 8월 신은미 씨가 수양딸 김설경 씨 집을 방문했을 당시 모습. 사진 오른쪽에서부터 신은미 씨, 수양딸 설경 씨, 설향 씨 그리고 설경 씨 남편.

신은미 씨의 북녘 첫째 수양딸 설경 씨.

너희 부부는 정말이지 축복받았어. 저렇듯 복스럽고 귀엽고 사랑스러운 아기를 얻었으니! 멋진 엄마, 아빠를 골고루(아빠를 좀 더 많이) 빼닮아 그야말로 온몸에서 사랑스러운 내음이 난다. 이 세상 중심에 우뚝 서 어둠에 빛을 발하는 훌륭한 사람으로 자라나길 이 할머니가 매일 기도 한다고 의성이에게 전해줘(의성이가 알아들을 수 있을 때까지 매일!).

너희 가족 사진을 보고 또 보고 있자니 너무너무 보고 싶어 내 두 눈동자가 뜨거워진다. 어느새 내 가슴 속, '보고 싶음'이 치밀어 올라 가쁜 숨 되어 흐느끼고 있구나. 하루빨리 만나 볼 수 있길 간절히 소망하고 또 기도한다.

'까다롭고 게다가 퉁명스럽기까지 한' 네 아버지는 너의 편지를 읽더니 '마누라'보다 더더욱 사랑하는 담배를 끊겠단다. 제발 '작심삼일'이 되지 않길! 너의 편지 속, 진심 어린 바람과 부탁이 '퉁명스러운' 아버지의 마음을 사르르 녹이고야 말았구나. 이 편지를 쓰고 있는 지금, 눈물 많은 네 아버지는 너의 편지와 의성이 사진을 뚫어지게 쳐다보며 훌쩍이고 계신단다.

참! 착하고 예쁜 둘째 딸, 설향이도 이 엄마가 걱정되었는지 편지를 보내왔어.

설향이가 결혼했다는 소식, 너도 들었지? 결혼식엔 갔었니? 예쁘고 참한 우리 둘째 딸, 설향이의 결혼식 모습이 내 생각 속에 그려지니 보고 싶은 마음 참을 수 없구나! 이 엄마가 설향이에게 도 바로 편지 보내겠지만, 네가 먼저 안부 좀 꼭 전해줘. "결혼식 축하한다"고.

지난 2013년 8월에 너희 신혼집에 설향이도 함께 갔었잖아. 아마도 그

때 너희 신혼살림 보고 설향이가 부러워 일찍 서둘러 결혼한 것 같다는 생각이 드네. ^^

아주 많이 예쁘게, 재미나게 잘살고 있을 거야. 빨리 가서 모두들 보고 싶다! 어쨌든 언니인 네가 설향이 많이 도와주고 이끌어주기 바란다.

설경아! '조선국제여행사'의 방현수, 리만룡, 리인덕, 박영길, 리철남, 김용성, 방은미, 오수련, 리정, 그리고 스페인어 안내원 김광혁(?)… 모두에게도 안부 전해줘. 다들 보고 싶다고!

특별히 우리 예쁜 딸 설경이를 온마음으로 사랑해 주는 듬직한 사위, 의성이 아빠에겐 안부와 함께 내 사랑도 듬뿍 전해주길 바란다.

특별히 우리 예쁜 딸 설경이를 온마음으로 사랑해 주는 듬직한 사위, 의성이 아빠에겐 안부와 함께 내 사랑도 듬뿍 전해주길 바란다.

설경아! 편지를 쓰고 있자니 더더욱 너의 밝고 환한 미소가 떠올라 보고 싶은 마음 주체하기 힘들구나. 너희를 찾아 평양으로 가는 날을 손꼽아 기다리며…

2015년 2월 5일

너희를 너무나도 그리워하고 있는 엄마가
미국에서

내 생애 가장 슬프고도 아름다운 여행

2014년 11월부터 다음 해 1월까지 이어진 모국 방문은 내게 너무나도 고통스러운 경험이었다. 조국을 사랑한 게 죄가 돼 30일간 무려 세 차례에 걸쳐 출국정지를 당했으며, 네 차례 50여 시간 동안 검·경의 철야 수사를 받았다. 그리고 급기야는 강제로 쫓겨나 모국에 마음대로 갈 수도 없는 처지가 됐다.

이번 시련을 겪으면서 되레 나는 우리 민족에게 드리운 희망을 봤다. 물론 언론의 허위보도에 잘못 인도돼 종북몰이에 편승한 동포들도 있었다. 그러나 많은 남녘의 동포들이 '북한은 우리가 품어 안아야 할 동포요, 한겨레'라는 것을 마음에 담고 있다는 사실을 발견했다. 더욱이 '전에는 민족의 화합과 조국의 평화 통일에 아무런 관심이 없었다'던 많은 사람들마저도 이번 사건을 통해 눈을 떴다고 알려오니 이 얼마나 행복한 일인가!

모국에서의 시간은 내 생애 가장 슬프고도 아름다운 여행이었다.

03

재미동포 아줌마,
일본에 가다

|제13장| 민단, 조총련 모두에게 하고 싶은 강연

통일이야기 아닌 사랑이야기

2011년 10월, 내 인생에 기적처럼 찾아온 첫 북한 여행을 통해 나는 그곳에서 우리와 같은 '일란성 쌍둥이'들이 살고 있다는 사실을 발견했다. 두려움과 호기심으로 떠난 북한 여행은 감동과 감격의 연속이었다. 이질감은커녕 동질감을 느끼고 돌아왔다. 뿐만 아니라 북한에 수양가족마저 생겼으니, 나 자신이 이산가족이 돼 미국으로 돌아왔다. 그 후 여러 차례 북한을 더 여행한 뒤 〈오마이뉴스〉에 기행문을 연재하고 두 권의 책을 출간했다.

나는 통일에 대해 문외한이다. 내가 쓴 두 권의 북한 기행문도 '통일 이야기'가 아닌, 어쩔 수 없이 헤어져 살아야만 했던 형제들을 만나 정을 주고받은 '사랑 이야기'다. '민족의 화합과 조국의 평화적 통일에 대한 나의 간절한 염원'은 북한을 여행하며 북한동포들을 사랑하는 과정에서 생겨난 '부산물'일 뿐이다. 그럼에도 나는 많은 단체에서 통일 관련 강연을 요청 받았다.

2014년 11월부터 이듬해 1월까지 한국에서 당했던 '종북몰이'도 통일을 향한 나의 열정으로 인해 무리한 일정을 만들어 가며 강연에 응했다가 일어난 불상사였다.

어이없고 무시무시한 인권 말살이었다. 나는 말로 표현할 수 없는 정신적 피해를 입었고, 그로 인해 체중이 급격히 줄어드는 한편 왼팔이 마비되는 육체적 피해까지 입었다. 그러나 더 큰 고통은 사랑하는 내 모국이 '자유 민주주의 국가'가 아니라는 사실을 깨달은 일이었다. 국가보안법이라는 악법이 헌법 위에 군림하고 있는 나라, 두 눈으로 보고 두 귀로 듣고도 다른 소리를 해야 하는 나라가 한국이라는 것을 알게 됐다.

하지만 수확도 있었다. 시련을 겪으면서도 우리 민족에게 드리운 희망을 봤기 때문이다. 민족의 화합과 조국의 평화 통일에 아무런 관심이 없던 사람들마저도 이번 사건을 통해 통일에 대한 눈을 떴다고 알려왔다. 이 얼마나 아름다운 여행길이었는가!

수양딸을 그리며 보낸 시간

미국으로 돌아온 나는 우선 건강 회복에 전념했다. 그리고 건강이 좋아지면 지난 겨울 실행에 옮기지 못했던 북한 여행을 다시 떠날 생각을 하고 있었다. 서울에서 들려오는 소식도 긍정적이었다. 6·15 선언 15주년과 광복 70주년 행사를 위해 남과 북, 그리고 해외동포 대표들이 중

6.15공동선언 발표 15주년 기념 통일토크 콘서트

재미동포 아줌마 가나가와에 오다

우리민족끼리 통일합시다

2015년 6월 17일 (수) 개장 18:00 / 개회 18:30

国指定重要文化財
横浜市開港記念会館 (1号室) 참가비: 500엔 (학생무료)

강사: 신은미씨 "재미동포아줌마 '북한'에 가다" 저자

신은미 씨의 일본 순회강연을 홍보하기 위해 재일동포들이 만든 웹자보.

국 심양에서 회동할 예정이라는 뉴스를 들었다.

그럴 즈음 난 6·15 일본측위원회에서 한 통의 메일을 받았다. 6·15공동선언 15주년을 맞아 도쿄, 요코하마, 교토, 오사카, 고베를 순회하는 일본 강연에 초청하겠다는 제안이었다. 나는 흔쾌히 승낙했다. 조국에서는 남과 북, 해외의 동포들이 만나 축제를 열 테고, 나는 일본을 순회하면서 재일동포들과 함께 통일조국을 그리리라. 이왕 일본에 가는 김에 북한여행도 다시 계획했다. 수양딸을 찾아가기 위해서….

거의 모두가 한국에 뿌리를 두고 있는 재미동포 사회와는 달리 재일동포 사회는 한국을 지지하는 민단과 북한을 지지하는 조총련으로 갈라져 있다. 이들이 함께 모인 자리에서 강연을 한다는 것은 마치 통일조국에서 강연을 하는 느낌일 것이라는 생각이 들었다. 내가 흔쾌히 일본 강연요청을 받아들이게 된 가장 큰 이유였다.

〈오마이뉴스〉에 북한기행문 연재를 시작하면서 내게는 수많은 재일동포 독자들이 생겨났다. 그중에는 민단계 동포들도 있었고, 조총련계 동포들도 있었다. 일본 강연 소식이 알려지자 그들에게서 "기다리고 있다"

라는 연락이 쇄도했다. 어떤 동포는 페이스북에 '재미동포 아줌마, 일본에 오다' '재미동포 아줌마, 가나가와에 오다' 등의 페이지를 만들어 홍보를 하기도 했다.

이 소식을 종편이 놓칠 리 없다. 그러다 보니 하루 중 많은 시간을 종편만 들여다보는 어머님이 예상대로 전화를 주신다.

"은미야, 니 또 강연하러 다니나? 테레비(텔레비전)서 봤다. 니 서울도 올라카나? 니 서울오면 크~닐(큰일) 난다, 아나? 이제 고만 좀 하면 안 되겠나?"

"어머니, 걱정 마세요. 서울은 가지도 못하는 거 아시잖아요."

막상 떠날 날이 다가오자 조국에서 안 좋은 소식이 들려온다. 남과 북, 해외동포들이 서울에서 개최하려던 6·15 선언 15주년 기념행사가 무산됐다는 소식이다. 게다가 일본 민단은 민단계 동포들에게 '신은미의 강연에 참석하지 말라'는 공고문을 보냈다고도 한다. 역시 분단의 골은 일본이라고 해서 예외는 아니었다.

나는 주최 측에 '민단 동포들이 참석하지 않으면 의미가 없다'는 의견을 전했다. 그러자 6·15 일본측위원회 관계자는 내게 "아무리 민단 측에서 그런다 해도 올 사람은 다 오니 걱정하지 마시라"는 회신을 보내왔다.

2015년 6월 14일, 남편과 나는 9일간의 일본여행과 15일간의 북한여행을 위해 미국 캘리포니아 집을 나섰다. 아이들이 걱정하는 눈빛으로 나를 물끄러미 바라본다. 종북몰이로 그 수모를 당하고 '사제 폭발물 세례'까지 받은 엄마가 또 강연에 나서고, 평양의 '수양형제'를 보러 북한에 가겠다고 하니 불안해하는 건 당연한 일. 그래도 "전혀 우리 걱정은

버스를 기다리는 평양 시민들. 여성들이 모두 양산을 쓰고 있는 모습이 이채롭다. (2015년 7월)

마시라"며 되레 나를 위로한다. 하지만 아이들의 얼굴에는 불안한 기색
이 역력하다.

우리가 아는 북한은 없다

북한으로 여행을 가는 사람들의 친지·친구들은 불안한 감정에 휩싸
여 걱정을 늘어놓는다. "북한에 가서 억류돼 못 돌아오면 어쩌냐" "북한
에 먹을 게 없어서 고생을 하지는 않을까"라면서 말이다.

첫 북한여행을 떠난 한 재미동포의 일화가 생각난다. 미국에 사는 그
의 친척이 "북한에 가면 먹을 게 없을 것"이라면서 쌀, 라면, 미숫가루,
그리고 김치를 한가방 싸들고 공항에 나왔다고 한다. 처음 방북하는 그
재미동포 역시 '혹시 그럴지도 모른다'는 생각에 그 가방을 들고 평양까

지 갔단다.

평양 순안공항에 도착해 짐 검사를 받는데 세관원이 그 물건들을 물끄러미 쳐다보더니 "왜 미국서 이런 것들을 가져왔냐"고 물었단다. 그 재미동포는 얼떨결에 "혹시 먹을 것이 없을까봐서…"라고 얼버무리자 그 세관원은 어이없다는 듯 웃음을 터뜨리고 옆에 서 있던 또 다른 세관원은 비웃는 듯한 표정을 지어 무척 당황했다고 한다.

탑승을 기다리면서 내 첫 북한여행 때를 떠올려본다. 당시 옆에 앉아 탑승을 기다리던 미국인 여행객이 내게 어디를 가느냐고 물은 적이 있다. 내가 "북한에 간다"라고 대답하자 그는 짐짓 놀라는 표정으로 "북한?"이라며 재차 확인했다. 그리고는 걱정스러운 낯빛을 보였다. 헤어지면서 그는 "돌아올 수 없는 여행(a trip with no return)이 되지 않길 바란다"라고 말했다. 그때 나도 '혹시'라는 생각을 언뜻 해봤지만, 지금 돌이켜 생각해 보니 쓴웃음만 지어진다. 내게 '돌아올 수 없는 여행'은 북한이 아니라 남한에서 있을 뻔했기 때문이다.

청와대에서 대북 정책에 관여하고 대학에서 북한학을 가르치다《개성공단 사람들》이란 책을 펴낸 분이 "우리가 아는 북한은 없다"라고 말씀하셨던 게 생각난다. 난 그분의 말씀에 백 번 동의한다.

"오른발로 이 땅을 먼저 디딜까"

오랜만에 일본 국적 항공사(ANA)를 이용한다. 남한 항공사를 이용하려고 보니 인천국제공항에서 갈아타야 한단다. 인천에서 출국 수속 없이

로스엔젤레스 공항에서 탑승을 앞두고 아이들과 휴대폰 문자로 작별 인사를 나누는 저자. (2015년 6월)

공항 안에만 머무르다가 비행기를 갈아타면 되기 때문에 '입국금지 조치'와는 무관하다. 그러나 모국 공항에서 맞닥뜨리게 될 쓰라린 기억을 피하고 싶어 일본 항공기를 타기로 했다. 비행기 안에서 조용히 눈을 감고 잠을 청해본다. 하지만 강제추방 당시의 아픔이 되살아나 쉽사리 잠이 들지 않는다.

나리타 공항에 도착하자 '재미동포 아줌마, 일본에 오다'라는 푯말을 들고 있는 청년이 눈에 들어온다. 또 나를 소재로 다큐멘터리를 제작하는 한 감독도 게이트 앞에서 나를 발견하더니 카메라를 들이민다.

나리타 공항 내 안내 표지판에 한글이 병기돼 있는 것을 본 남편이 깜짝 놀란다. 남편은 "마지막으로 일본을 여행한 게 30년 전인데, 그때는 한글 안내 표지판을 상상도 못했다"라면서 "한국의 발전을 일본에서 느낀다"라고 말했다. 남편은 두리번거리느라 바쁘다.

우리는 우에노에 있는 한 호텔에 여장을 풀고 주최 측이 마련한 저녁 식사 자리에 참석하기 위해 호텔을 나섰다. 이날 저녁 모임에는 내가 아는 분이 참석할 예정이라고 한다. 바로 배안 선생이다.

배안 선생과 우에노에 있는 한 식당에서. (2015년 6월)

한국에도 다녀온 적이 있는 그녀는 북한을 방문한 뒤 〈통일뉴스〉라는 인터넷 신문에 방북기를 비롯해 여러 편의 글을 게재했다. 내가 도쿄에 도착했다는 소식을 듣고 요코하마에서 오고 있는 중이란다. 나는 그녀의 기행문을 감명 깊게 읽어서 SNS를 통해 약간의 대화를 나누곤 했다. 얼마나 지났을까. 배안 선생이 약속 장소에 들어오는 순간, 우리는 마치 오랜 세월 떨어져 살아왔던 보고픈 친구를 만난 것처럼 서로를 끌어안았다.

역시 배안 선생은 글만큼이나 감동을 선사하는 분이었다. 초등학교부터 대학까지 일본 내 조선학교에서 공부했다는 배 선생은 '조국', 그리고 '민족'이라는 말에 눈물을 글썽이는 그런 분이었다. 배 선생과 나는

재일동포 학생들의 이야기를 그린 다큐멘터리 <우리학교>(김명준 감독, 2007년 개봉작) 중 한 장면. 조선학교 학생들이 북한으로 수학여행을 가고 있는 모습이다.

이 세상을 살아가며 만날 일이 전혀 없을 것만 같은, 다른 시간, 다른 공간을 배회하며 살아왔다. 그러나 민족과 조국이라는 종착점에서 우리는 이렇게 만나고야 말았다.

배안 선생이 구사하는 우리말에는 일본어의 억양이 배어 있다. 일본에서 태어나 자란 분이 어떻게 조국을 이렇게도 사랑할 수 있을까. 식사를 하는 내내 이런 생각을 떨쳐낼 수가 없었다.

언젠가 재일동포 독자 한 분이 내게 메일을 보내온 적이 있다. 그 안에는 그분이 고등학생 시절 니가타 항에서 만경봉호를 타고 북한 수학여행 갔을 때의 이야기가 담겨 있었다. 배에서 내리면서 꿈에 그리던 조국 땅을 처음 밟기 전 재일동포 학생들의 심정을 표현한 글이었다.

신 선생님, 재일동포 아이들의 노래 속에 이런 구절이 있습니다.

오른발로 이 땅을 먼저 디딜까
왼발로 이 땅을 먼저 밟을까
조국아 목 메여 찾고 찾으니
눈물이 나보다 먼저 내려요

저희 동창생들은 거의 량발(양발)로 내렸습니다. 오른발과 왼발을 고르지 못
했지요. 모두 구두와 양말을 벗어서 맨발이었습니다. 얼굴은 하나같이 눈물
에 젖어 있었습니다.

이 글을 읽는 순간 내 두 뺨에도 하염없이 눈물이 주르륵 흘러내렸다.
호기심만 갖고, 내키지 않는 마음속에 다소 교만하고 냉소적인 자세로
북녘땅에 첫발을 내디딘 내겐 상상조차 할 수 없는 감정이다. 아마도 자
라온 환경이 다르기 때문일 게다. 그들의 조국이 남이든 북이든 간에,
재일동포들이 조국을 그리는 마음은 그 어느 해외동포들 보다 애절하다.
헤어지는 아쉬움을 뒤로 하고 우리는 다음날 일정을 위해 호텔로 돌아
왔다.

|제14장| 일본에 있는 '우리학교'

2015년 6월 15일 저녁에는 일본 도쿄에서 첫 강연이 있다. 이날 오전에는 '우리학교'를 방문하는 일정이 잡혀 있다.

내가 일본 초청을 받아들이자 각 도시의 주최 측에서 관광 일정을 잡겠다는 연락을 해왔다. 내가 강연할 모든 도시가 관광으로도 유명한 도시들이라며 특별히 가고 싶은 곳이 있느냐고 물어왔다. 나는 모든 제안을 거절했다. 대신 우리학교를 방문하고 싶다는 의사를 전달했다. 다행히도 내가 강연하는 모든 도시에 우리학교가 있다고 한다.

'우리학교'란 조총련계의 조선학교를 말한다. 전 교과과정을 우리 말과 우리 글로 수업을 진행하고, 민족의 혼을 불어넣어 주는 학교다. 한국에서도 이 학교에 관심 있는 사람들이 우리학교를 방문하고 지원도 한다. 우리학교를 지원하는 대표적인 단체로 '몽당연필', '우리학교와 아이들을 지키는 시민모임' 등이 있다. 나는 유튜브를 통해 영화 〈우리학교〉와

신은미 씨 부부를 박수로 맞이해 주는 도쿄조선제1초중급학교 학생들. (2015년 6월)

〈60만번의 트라이〉의 예고편을 보고 재일동포 학교에 대해 알게 됐다.

미국에는 기껏해야 주말에 우리 말과 글을 가르치는 '한글학교'가 있을 뿐이다. 그러나 실질적으로 주말 '한글학교'에서 우리말과 글을 깨우치는 일이란 쉽지 않다. 오히려 대부분 2세들은 한국 드라마를 보거나 케이팝(K-Pop)을 따라 부르며 우리말을 익힌다.

영화 〈우리학교〉는 나에게 큰 감동을 줬다. 내가 살고 있는 미국에서 우리학교란 상상조차 할 수 없다. 설령 이런 학교가 있다고 해도, 자녀들이 하루빨리 미국 사회에 동화돼 주류사회로 진출하기 바라는 부모들은 자기 아이를 우리학교에 보내지 않을 것이다. 솔직히 말하자면 나 역시 보내지 않았을 것이다. 그런데 어떻게 재일동포 사회에서는 이런 게 가능하단 말인가.

"태어나서 처음으로 통일 실감했을 거예요."

내가 가기로 한 학교는 '도쿄조선제1초중급학교'. 과연 어떤 학교일
까? 조총련계 학교이니 북한에서 가봤던 그런 학교들이겠지 생각했다.
칠판 위 벽면에는 북한 지도자들의 사진이 걸려 있고, 학생들은 북한에
서 제작한 교과서로 공부할 테고….

우리가 탄 차량이 학교에 도착하자 선생님들이 반갑게 맞아준다. 인
사를 나눈 후 현관에 들어서자 깜짝 놀라고 말았다. 학생들이 도열해 꽃
다발을 들고 나를 기다리고 있는 게 아닌가. 전혀 기대하지 않았던 일이
다. 혹시라도 학생들의 수업을 방해하는 게 아닌가 싶어 걱정이 앞선다.

환영인사를 마치고 잠시 교장 선생님과 환담을 나눈 뒤 나는 체육관
으로 안내됐다. 전교생이 모여 있는 체육관 벽에는 '신은미 선생님을 열
렬히 환영합니다!'라는 글씨가 적혀 있었다.

이어 대형스크린에서 6·15선언* 15주년 기념 동영상이 상영된다.
6·15선언 당시 한국의 텔레비전 방송에서 내보냈던 영상물이다. 이를
보는 아이들의 표정이 사뭇 진지하다. 통일된 조국을 그리는 아이들의
마음이 그대로 배어 있다.

---

* 2000년 6·15 남북공동선언 5개 항의 주요 내용은 다음과 같다. (1) 남과 북은 나라의
  통일문제를 그 주인인 우리 민족끼리 서로 힘을 합쳐 자주적으로 해결한다. (2) 남과
  북은 남측의 연합제안과 북측의 낮은 단계의 연방제안이 서로 공통성이 있다고 인정한
  다. (3) 남과 북은 2000년 8월 15일에 즈음하여 흩어진 가족, 친척 방문단을 교환하며
  비전향 장기수 문제를 해결하는 등 인도적 문제를 조속히 풀어 나가기로 합의한다. (4)
  남과 북은 경제협력을 통하여 민족경제를 균형적으로 발전시키고 사회, 문화, 체육, 보
  건, 환경 등 제반 분야의 협력과 교류를 활성화하여 서로 신뢰를 도모한다. (5) 위의
  네 개 항의 합의 사항을 구체적으로 이행하기 위해 남과 북의 당국이 빠른 시일 안에
  관련 부서들의 후속 대화를 규정하여 합의 내용의 조속한 이행을 약속한다.

김대중·김정일 남북정상이 만나는 장면을 보고 있는 도쿄조선제1초중급학교 학생들.

이어서 학년별로 환영의 시를 읊고 노래를 부른다. 몸 둘 바를 모르게 만드는 과분한 대접이다. 나는 아이들에게 "남과 북, 그리고 해외의 어린이 여러분들은 통일 조국에서 살아갈 우리의 꿈나무들이며 미래입니다, 부디 민족의 혼을 간직한 자랑스러운 겨레가 돼주세요"라는 말로 답례했다. 그러자 옆에 계신 선생님께서 눈물을 글썽이며 귓속말을 한다.

"선생님, 저 아이들은 오늘 태어나서 처음으로 통일을 실감했을 거예요. 재미동포가 이렇게 아이들과 함께 통일을 이야기하며 어울린 적이 없었으니까요."

솔직히 나는 그 선생님의 말뜻을 잘 이해하지는 못했지만, 아이들에게 꿈만 같은 통일조국을 실감케 해줬다니 그저 감사한 마음뿐이다.

환영식이 끝나고 학생들이 모두 교실로 돌아간 뒤 나는 아이들의 학습현장을 참관했다. 교실에는 내 예상과는 달리 북한 지도자들의 사진도 걸려 있지 않았고, 교재도 북에서 온 게 아니라 현지에서 제작한 것들이었다. 교과 내용 또한 여느 학교와 다를 게 없었다.

다만 다른 게 있다면, 일본 땅이지만 모든 수업이 우리말로 진행되고 있다는 점과 여선생님들은 하얀 저고리에 까만 치마를 입고 학생들을 가르치고 있다는 사실이다. 우리 말 수업과 여선생님들의 이런 모습이 우리학교의 모든 것을 말해주고 있다.

예전에는 고등학생들도 치마저고리를 입고 등교했다고 한다. 그러나 일부 일본 학생들이 우리학교 학생들에게 위협을 가하고 심지어는 면도칼로 옷을 찢는 등 폭력을 휘두르는 바람에 요새 들어서는 바깥에서 치마저고리를 입지 않는단다. 학생이 원하는 경우 교내에서만 입는다고.

아주 오래 전 일본여행 때 목격한 장면이 어렴풋이 떠오른다. 치마저고리를 입은 두 여학생이 도쿄의 지하철역을 걸어가고 있었다. 조선인이라면 '뼛속까지' 멸시하는 사람들이 사는 일본에서 '나는 조선인이다'라고 대놓고 활보했던 이들이 아마도 지금의 우리학교 선생님들일 게다.

'조국'과 '통일'이란 말에 눈물 흘리는 재일동포

첫 강연이 열리는 장소에 도착하니 건장한 청년들이 날카로운 눈빛으로 경계를 서고 있었다. 지난해 겨울 익산 통일토크콘서트에서 발생했던 사제폭발물 테러를 의식해 빈틈없는 경호를 펼치고 있었다. 주최 측은 "일본에서 익산 테러 같은 일은 벌어질 수 없지만, 그래도 만일의 사태

2015년 6월 일본 도쿄 호쿠토피아 페가사스홀에서 첫 강연을 하는 저자.

를 대비하는 것"이라면서 나를 안심시킨다.

강연은 기대 이상으로 대성황이었다. 더욱이 민단 측에서 '신은미의 강연에 참석하지 말라'는 공문까지 보내지 않았던가. 그러나 한국 유학 생, 주재원 등 이미 책을 구입한 사람들이 강연이 시작되기도 전에 책을 들고 와 사인을 부탁한다.

한국 언론사 기자들도 왔지만 주최 측은 몇몇 언론사를 제외하고는 모두 입장을 거절했다고 한다. 나는 그렇게 할 이유가 없다고 생각했다. 그렇지만 주최 측의 의견을 존중하기로 했다.

강연이 끝나자 한 할머니가 질문하신다. 그런데 휴대전화와 마이크를 한 손에 들고 말을 한다. 누군가에게 휴대전화를 통해 질문과 대답을 들을 수 있게 한 것이다. 질문의 내용은 다음과 같았다.

"북한에서는 3백만 명이 굶어 죽었습니다. 당신은 북한에 몇 번 갔다 오고 뭘 안다고 북한에 대해 말을 하는 겁니까?"

"저는 북한에 관광여행을 다녀온 사람입니다. 북한의 식량문제 등은 그 분야의 전문가가 계시니 그분들께 문의해보시기 바랍니다"라고 간단히 답했다. 이분의 질문은 다음날 일부 방송과 언론 보도에 언급됐다. '신은미 강연에 참석한 사람들이 모두 그 강연을 긍정적으로 받아들인 게 아니라 저런 날카로운 문제를 제기하는 사람들도 있었다'라는 듯이.

간혹 일부 언론의 '빈정거리는' 평론가들도 비슷한 말을 해댔다. "북한에 몇 번 갔다 오고 책을 썼다"며 내가 쓴 북한 기행문을 폄훼했다. 그러나 시중에 출간된 기행문들이란 단 한 번 여행을 다녀와서 쓴 것들이 대부분 아닌가.

재일동포 청중들의 모습과 분위기는 한국이나 미국의 동포들과 크게 다를 바 없다. 그러나 단 한 가지 다른 점이 있다. 내가 북한에서 있었던 재미있는 일화들을 이야기하면 박장대소를 하다가도, '조국'이나 '통일'이라는 말이 나오면 많은 사람들이 손수건을 꺼내 들고 눈물을 훔쳤다. 이게 바로 재일동포다.

온갖 멸시와 차별을 경험하면서 타향살이의 설움을 너무나도 잘 알고 실감하며 살아가는 재일동포들에게 '조국'이란 말은 단순한 의미 그 이상이다. 게다가 조총련에 속해 있는 동포들은 한국의 선산에도 갈 수 없다. 이들에게 '통일'은 곧 '성묘'를 의미하기도 한다. '조국'과 '통일'이란 말에 어찌 눈물을 흘리지 않을 수가 있단 말인가.

일본서 태어난 아이의 말… "내 고향은 경북 상주"

멀리 구마모토에서 오신 한 독자분께서 강연이 끝나고 뒤풀이에 참석했다. 그분은 "구마모토는 말고기가 유명하다"라면서 얼음이 가득 들어 있는 비닐팩에 정성 들여 싸온 말고기 육회를 꺼내놓으셨다. 그러더니 어서 한 점 들어보라 권하신다. 아, 그 '맛있다'는 개고기도 입에 못 대는데 말고기를…, 그것도 날것으로….

무척 당황해 젓가락을 들었다놨다 하는 걸 본 한 여자아이가 내게 "정말 맛있습니다, 어서 드셔 보세요"라면서 덩달아 초조해 한다. 잘됐다 싶어 미적거리면서 들고 있던 젓가락을 슬그머니 놓고 아이에게 말을 걸었다.

"그래, 고마워. 너도 혹시 고향이 구마모토니?"

"아니에요. 제 고향은 경상북도 상주입니다."

"경상북도 상주?"

"네."

"일본에는 언제 왔어?"

"저는 일본에서 태어났어요. 재일동포 4세입니다."

"지금 방금 고향이 경상북도 상주라고 했잖아."

"아, 네…, 저희는 할아버지께서 태어나신 곳을 내 고향이라고 합니다. 증조할아버지께서 경상북도 상주에서 태어나셨답니다. 언젠가는 꼭 가볼 거예요."

재일동포 4세 어린아이에게서 '가보지도 못한 할아버지의 고향이 바로 내 고향'이라는 말을 듣다니…. 울컥, 그 어떤 말로도 표현하기 힘든 감정이 목구멍까지 복받쳐 오른다. 말고기 한 점을 나도 몰래 꿀꺽 삼켜 버렸다.

재일동포들에게 "고향이 어디냐"고 물으면 열이면 열 우리나라 지명을 댄다. 일본에서 태어났지만, 자신이 태어난 곳을 절대로 고향이라 말하지 않는다. 나는 조총련 동포 대부분이 북한과 지역적 연고를 갖고 있을 것이라 생각했다. 그러나 내가 일본에서 만난 이들 대부분은 경상도·제주도·전라도 등에서 일본으로 건너온 분들의 후손들이었다. 그럼에도 조총련에 속한 동포들의 경우, 남녘 고향에 갈 수 없다. 김대중·노무현 정부 시절에 와서 한동안 가능했지만, 이명박 정부 이후 다시 한국 방문이 불가능해졌다고 한다.

지금의 한국 정부는 인도주의에 입각해 북한 정부에 이산가족들의 상봉을 끊임없이 요구하고 있다. 반면, 조총련 재일동포의 성묘나 친척 방문을 위한 입국은 불허하고 있다. 한국 정부는 북한의 인권문제 또한 거론하고 있다. 최근 서울에는 '북한인권사무소'마저 설치됐다. 그러나 멀리 북한까지 거론할 것도 없다. 조총련 재일동포들의 모국 방문부터 허락해야 한다. 유교적 전통이 뿌리 박혀 있는 우리 민족의 기본적인 인권 중의 하나가 조상 성묘, 그리고 가족상봉이 아닌가.

"내 고향은 경상북도 상주"라는 재일동포 4세 아이의 말을 되뇌이며 호텔로 돌아왔다. 얼마나 많은 재일동포가 지금 내가 밟고 걷는 이 땅, 이 길을 따라 고향을 그리며 고개를 떨궜을까. 무거운 발걸음에 나도 그만 주저앉고 싶다.

|제15장| 요코하마와 교토의 조선학교

6월 16일, 아침에 일어나 커튼을 젖히니 우에노 공원 연못이 한눈에 들어온다. 이곳을 거닐었을 한 음악가가 떠오른다. 일제강점기 때 '우에노 음악학원'에서 유학하신 분이다. 지금도 학교 이름이 그대로 인지, 그리고 학교가 분명 이 근처에 있을 텐데 과연 어떤 모습인지 궁금해진다.

후일 그 음악가는 일본 유학을 마치고 돌아와 조선의 청년들에게 일본군 입대를 종용하는 노래를 부르면서 다녔다고 한다. 해방이 된 후에도 그분은 음악계의 중진으로 활약했다. 친일의 잔재가 전 분야에 걸쳐 남아있다. 음악이라고 예외가 아니다.

요코하마에 있는 '우리학교'

요코하마에 도착한 나는 곧바로 이곳 우리학교(조선학교) 중 하나인

가나가와조선중고급학교에서.

'가나가와조선중고급학교'로 향했다. 선생님들, 그리고 학생들과 인사를 나누고 복도에 들어서자 '학교 방문을 환영합니다'라는 포스터가 여기저기 눈에 들어온다.

환영 공연을 관람한 뒤 강당을 나서는데 한 여학생이 복도에서 나를 붙잡는다. 〈오마이뉴스〉에 연재 중이었던 '재미동포 아줌마, 남한에 가다' 제2회("사탄 짓 그만둬라"… 친정엄마의 의절 선언)를 복사해 손에 들고 있었다. 이를 내게 보여주며 말을 붙인다.

"신 선생님, '종북몰이' 때문에 얼마나 힘드셨어요. 어머니께서 '이제 더 이상 보지 말자'고 하셨다는데 그 대목을 읽고 얼마나 울었는지 모릅니다. 지금도 그러세요?"

학생의 눈에 눈물이 맺히기 시작한다. 나는 얼른 이 학생을 안심시켰다.

"아녜요. 이제 곧 연재가 끝날 텐데 친정어머니 이야기가 나올 거예요. 이제는 오해를 다 푸셨어요. 미국

아름다운 하얀 저고리와 검정 치마. 하굣길에는 옷을 갈아입어야 한다는 말에 분노가 치밀었다.

우리집에도 다녀가셨고요. 고마워요, 학생."

나는 이 여학생이 입고 있는 하얀 저고리와 검정 치마를 칭찬해줬다. 그러자 학생은 내게 "집에 갈 때는 일본 학생들의 폭력에 대비해 평상복으로 갈아입고 간다"라고 대답한다. 분노와 함께 가슴이 아려온다.

지금 재일동포들의 우리학교가 직면하고 있는 최대 난관은 바로 재정 문제다. 왜냐하면, 일본 정부가 고교 교육 무상화 제도에서 유독 우리학교만을 제외하기 때문이다. 학부모들의 부담이 늘어나는 것은 말할 것도 없다.

재일동포들과 양심있는 일본인들이 합세해 함께 투쟁을 벌이고 있다. 유엔에서도 논의 대상이 되고, '조선학교에 대한 일본 정부의 차별을 철회하라'고 권고도 하지만, 일본 정부는 꿈쩍도 하지 않는다. 아이들의

교육을 정치와 연결시키려는 일본 정부의 편협함이 그대로 드러난다. 일본이 대국이 될 수 없는 이유가 여기에 있다.

아마도 재일동포들의 우리학교는 이대로 좌절하지 않을 것이다. 애당초 우리학교의 탄생 자체가 기적 같은 일이었다. 해방된 후 우리 아이들에게 민족의 얼을 잃지 않게 해야 한다는 일념으로 학교를 세울 당시의 이야기들은 감동 그 자체다. 환갑잔치 비용을 내놓은 노인, 결혼 자금을 기부하며 결혼식을 미룬 젊은 연인들, 자그마한 내 집 장만을 위해 모아 놓은 돈을 흔쾌히 쏟아놓은 부부까지…. 이렇게 세워진 학교가 문을 닫는 일은 없을 것이다.

요코하마에서의 강연도 대성황이었다. 빈자리가 없다. 마치 리틀엔젤스 시절로 돌아간 느낌이다. 세계 각국을 돌며 공연했을 당시, 무대에서 바라본 객석에 빈자리가 있었던 경우는 단 한 번도 없었다. 비록 어린 나이였지만 조국을 세계에 알린다는 생각으로 공연한 그때의 마음이나 통일을 염원하며 강연을 하는 지금의 마음은 하등의 차이가 없다.

일본에 만연한 '재일동포 차별'

호텔로 걸어가는 길에 남편이 일본 노래를 흥얼거린다.

"마치노 아카리가 도테모 기레이네 요코하마 블루라이트 요코하마~."

"무슨 뜻이에요?"

"거리의 불빛이 너무나 아름다워, 요코하마, 푸른빛 요코하마. 뭐 대충 그런 뜻일 거야. 소문에 의하면 이 노래를 부른 가수 이시다 아유미도 한국(조선)계 일본인이라는 것 같아. 그게 사실인지 이곳 동포들에게 물어봐야겠네."

일본의 연예인이나 운동선수 중 일본 이름을 쓰고 있지만 실은 재일 동포인 경우가 꽤 있다는 말을 미국에 살고 있는 재일동포 친구에게서 들은 적이 있다. 그 친구 말에 따르면 민족적인 차별을 받고 있는 재일 동포가 출세할 수 있는 몇 안 되는 길이 연예인이 되거나 운동선수가 되는 것이라고 한다.

일본에서는 재일동포에 대한 제도적 차별이 심하다. 대부분의 재일동 포들이 3세, 4세임에도 불구하고 투표권이 없음은 물론 공무원이 될 수도 없다. 게다가 일본의 많은 유수 기업들은 재일동포를 고용하지 않는다.

이름을 바꾸고 일본인으로 귀화한다고 해도 '신일본인'이라는 기록이 3대에 걸쳐 남는다고 한다. 이 시대에 과연 이런 나라가 세상 어디에 또 있을까 생각해본다. 그나마 다행히 겉모습으로는 전혀 구분되지 않으 니 망정이지, 만약 생김새마저 달랐다면 재일동포들이 겪었을 고통을 가 히 짐작할 만하다.

재일동포에 대한 일본의 제도적 차별은 국제사회에 제대로 알려지지 않았다. 이러한 차별은 엄청난 인권유린이다. 이런 일본이 국제사회에서 다른 나라의 인권에 대해 운운하는 것을 보면 실소를 금할 수가 없다. 반드시 국제적으로 여론화해야 할 대상이다. 바로잡아야 한다. 남편과 이야기를 나누다가 앞으로 재일동포를 향한 일본의 차별에 대항해 함께 싸울 것을 다짐했다.

조선학교에서 만난 '금도끼와 은도끼'

시차 적응을 하지 못해 잠을 설쳤다. 미국을 떠난 이래 3일 동안 10시간도 자지 못한 것 같다. 약간의 어지럼증이 있다. 왼팔 마비 증세도 더 심해진다. 식욕도 없어 커피 한 잔 마시고 진통제를 먹으니 속이 너무 아프다.

그래도 강연장을 메우고, 눈물을 글썽이는 동포들을 생각하면서 힘을 얻는다. 게다가 일본 일정을 마치면 평양에 가 수양딸 설경이를 만나 푹 쉴 수 있겠다는 생각을 하니 없던 힘도 생겨난다.

오늘(6월 17일)은 신칸센을 타고 천년 고도 교토로 간다. 이곳에서의 일정도 마찬가지다. 도착하자마자 우리학교를 방문하고 저녁에는 강연을 한다.

유치원 과정과 초등학교 과정이 있는 교토조선초급학교. 이 학교는 산기슭 좋은 위치에 자리 잡고 있었다. 건물도 새로 지어 시설도 최고급이다. 학교로 오는 차 안에서 언뜻 봤던 일본 학교와는 상대가 되지 않을 정도로 모든 것이 최상이다. 몇 개로 나누어져 있던 학교를 통합해 이곳을 마련했다고 한다. 이런 훌륭한 학교를 세우기까지 이

'금도끼와 은도끼'를 읽고 있는 조선학교 학생의 모습.

곳 동포들이 쏟아부은 정열과 노력을 생각하니 눈물이 난다.

하얀 저고리에 검정 치마를 입은 선생님이 우리말과 글을 가르치는 교실에 들어가니 칠판 위에 '금도끼와 은도끼'가 쓰여 있다. 순간 가슴이 뭉클해 오며 눈물이 핑 돈다. 나도 이 이야기를 들으면서 자랐기 때문이다.

학생 곁을 지나치며 한 학생 한 학생 머리를 쓰다듬었다. 학생들에게 칭찬을 아끼지 않으시는 자상한 선생님과 말없이 눈인사를 나누고 조용히 교실을 빠져나왔다.

'악마의 자비'를 봤다

안내를 맡은 분께서 강연까지는 시간이 많이 남았으니 절 구경을 하자고 한다. '키요미수데라'라는 절인데 교토에서 가장 유명한 유적지 중 하나란다. 한자로 표기된 절 이름을 우리말로 읽자면 '청수사'다. '맑은 물이 흐르는 절' 정도로 해석하면 될 것 같다.

절벽 위에 세워진 절 치고는 그 규모가 꽤 크다는 것 외에 그리 특이할 만한 것이 없다고 느껴졌다. 오히려 내겐 절 자체보다 절까지 올라가는 길가가 더 인상적이었다. 교토의 특산물을 파는 상점들이 줄지어 있는 거리를 일본 전통의상을 입은 젊은 남녀들이 걸어갔다.

절 근처에는 '토요쿠니 신사'가 있다. 조선을 침략한 왜군의 수장 도요토미 히데요시를 신으로 모시는 화려하고도 으리으리한 사당이다. 차창을 통해 입구만을 바라보며 지나쳤다. 그 신사를 조금 지나쳐오니 '이

우리 조상들의 귀와 코가 매장돼 있는 교토의 귀무덤.

총'이라는 곳이 있다. 귀 '이(耳)'에 무덤 '총(塚)', 즉 '귀무덤'이라는 곳이다. 바로 우리 조상들의 귀와 코가 매장돼 있는 무덤이다. 나는 그곳에 차를 세워달라고 부탁했다.

임진왜란, 정유재란을 일으킨 왜구들은 전과의 증거물로 우리 조상들의 목을 베어 갔다고 한다. 점차 그 양이 너무 많아지자 머리 대신 귀와 코를 잘라 소금에 절여 가져가 도요토미 히데요시에게 바쳤는데 그 수가 무려 10만을 훌쩍 넘겼다고 한다.

이렇게 가져온 '전과물'을 '공양의 예'(?)를 갖춘 뒤 이곳에 묻었다 한다. 죽은 이의 넋을 위로하려는 악마의 자비인가.

한 시간 정도 일찍 강연장에 도착했다. 그런데 객석이 이미 거의 다 차 있다. 조국통일에 대한 재일동포들의 염원이 그대로 전달된다. '귀무덤'을 생각하며 두 주먹 불끈 쥐고 강연을 시작했다.

도쿄, 요코하마와 마찬가지로 이곳 교토에서도 강연을 마치고 호텔로 돌아가는 길은 무슨 이유인지 외롭고 쓸쓸하기만 하다. 거리의 풍경이 서울과 비슷한데도 이렇게 느껴지는 건 무엇 때문일까. 터벅거리는 남편의 발걸음 소리도 내 느낌과 크게 다르지 않은 듯하다.

|제16장| 오사카, 고베 그리고 평양으로

6월 19일엔 오사카로 향한다. 제일 먼저 찾은 곳은 오사카의 코리아타운. 상가에 들어서자 한국(조선)음식점과 상점이 눈에 들어온다. 이 지역에는 민단과 조총련의 구분이 없다. 한데 어울려 장사를 하며 생계를 꾸려가는 내 동포들만 있을 뿐이다.

많은 일본 관광객들이 주말에 이곳을 찾기도 하지만, 한편으로 이곳은 일본 극우단체들의 반한(반조선) 시위 장소이기도 하다. 그들은 이곳에서 차마 입에 담을 수 없는 온갖 혐오스러운 말로 재일동포를 저주한다. 오래전부터 노략질로 한반도를 괴롭히더니 임진왜란을 일으켜 우리의 국토를 유린하고, 지난 세기에는 불법 강점으로 민족 말살까지 꾀한 일본. 강제징용으로 끌려와 모진 노동에 시달린 분들의 후손들에게 퍼붓는 극우 일본인들의 저주는 듣는 이로 하여금 소름끼치게 만든다.

코리아타운에서 점심식사를 마치고 찾은 곳은 오사카의 조선학교(우리학교)인 히가시오사카조선중고급학교. 교실을 돌며 학생들의 수업을 참관했다. 벅찬 감동이 밀려온다. 우리학교 아이들의 수업을 참관할 때면 늘 솟구치는 흐뭇한 감정이다. 아이들의 수업을 참관한 뒤 강당에서 열리는 환영 공연에 참석했다. 공연이 끝나자 교장 선생님께서 우리 부부에게 한마디 해줄 것을 부탁한다.

'통일조국' 국민과의 대화

남편은 학생들에게 "우리 말을 열심히 공부하여 민족의 얼을 지키라"는 말과 함께 "우리 말을 잘하면 영어 발음도 잘한다"라면서 자신의 경험담을 들려줬다. '미국에 사는 재일동포 친구들 중 우리 말을 못하는 재일동포의 영어발음은 일본인과 마찬가지로 형편없지만 우리말을 할 줄 아는 재일동포의 영어 발음은 좋다'는 이야기를 들려줬다. 남편이 '막구도나루도(맥도날드), 그란도 개녀누(그랜드캐넌), 사쿠시혼(색소폰)' 등 일본인의 영어발음을 흉내 내자 학생들이 박장대소한다.

중·고등학생인 이들은 남과 북의 문화를 모두 이해하고 있다. 케이팝 (K-Pop)을 즐겨 부르기도 하고 한국드라마를 보기도 한다. 그리고 북한의 문화도 잘 알고 이해하고 있다. 뿐만 아니라 일본 문화, 서양 문화까지도. 우리학교의 재일동포 학생들과 말을 주고받노라면 마치 미래 통일 조국의 국민과 대화를 나누는 듯한 느낌이 든다.

나는 스스로를 한국에서 태어나, 미국에 살면서, 북한도 잘 이해하고 있는 한민족의 일원이라고 생각했다. 그러나 나는 일본에서 우리 민족의

오사카 히가시나리 구민센터에서 열린 신은미 씨 강연 현장.

얼을 간직한 채 남과 북을 모두 아우르는, 게다가 국제적인 감각을 갖춘 진정한 미래 통일 조국 국민의 모습을 봤다. 바로 우리학교의 재일동포 학생들이다.

강연장에 도착하자 안내를 맡은 주최 측 스태프들이 황급히 나를 둘러싸고 장내로 안내한다. 한 30분 전쯤 오늘 강연을 저지하기 위해 10여 명의 시위대가 빌딩 문 앞까지 왔었다는 설명이다. 그런데 온 지 채 5분도 안 돼 시위 '인증샷'을 찍은 뒤 떠났단다. 어디론가 인증샷을 보내야 했던 걸까. 사진만 찍고 돌아가는 이런 시위는 처음 본다.

강연장에 들어서자 관객들이 이미 자리를 가득 메우고 있다. 큰 강당이 가득 차 일부는 서 있다. 지금까지 일본에서 한 강연 중 가장 많은 관객이 모인 듯하다. 나는 그들과 혼연일체가 되어 통일조국을 그려본다.

고베 우리학교 주변에 구두공장 많은 이유

2015년 6월 20일, 일본에서의 마지막 강연을 위해 고베로 향한다. 20년 전 대지진으로 인해 무려 6천여 명이 사망하고 어마어마한 경제적 타격을 입은 곳. 당시 재일동포들이 운영하는 많은 공장이 파괴됐다는 뉴스를 접한 적이 있다.

고베에서도 제일 먼저 찾아간 곳은 우리학교인 '니시고베조선초급학교'. 이제까지 가본 우리학교와는 달리 학교 건물이 너무 낡아 마음이 아프다. 학교 주변에는 재일동포가 운영하는 신발공장이 많다고 한다. 이 이야기를 듣자 문득 오래전 일본인 유학생과의 대화가 떠오른다.

그는 일본에는 '에타' '히닌' 또는 '부락쿠민'(우리 말로 부락민)이라는 천민 계급이 존재하며, 그들은 주로 보통 일본인들이 기피하는 직종에 종사한다고 했다. 그 직종이란 정육점, 구둣가게 등 가죽을 다루는 일과 대나무 제품이나 밧줄을 만드는 일이란다. 언뜻 불교의 영향을 강하게 받은 일본인들이 살생과 관계되는 일을 기피해서 그런가 생각했다. 그런데 밧줄을 만들거나 대나무를 다루는 작업은 왜 기피할까 의문이었다.

그나저나 아직도 일종의 천민 계급이 존재하고 있고 이들이 사회적 차별의 대상이라니… 이런 일본을 두고 선진국이라고 할 수 있을까. 나는 일본이야말로 후진국 중의 후진국 아닌가 생각했었다. 그런데 이어지는 일본 유학생의 말이 가관이었다.

소위 천민 계급보다 더 못한 사람들이 있으니 그들이 바로 코리안이란다. 수많은 야쿠자가 사실은 코리안들이며 그들 폭력 조직은 고리대금업, 성매매, 도박업, 마약거래 등 많은 범죄를 저지른다는 설명이다. 아마도 그 일본 유학생은 내가 한국인이라는 것을 순간 잊었던 모양이다. 나는 그에게 "나는 바로 너희들이 조센진이라 부르는 한국인이야(I am a Korean, or Chosenjin as you guys commonly call.)"라고 말한 뒤 자리에서 일어났다.

이곳 우리학교 주위에 구두 공장이 많이 있다는 설명을 듣곤 떠오른 일화다. 그 일본인 유학생의 말대로 일본인들이 기피한다는 구두 제조업을 우리 동포들이 많이 하는 모양이다. 훌륭한 우리 동포들이다. 제도적·사회적 차별이 만연한 이런 일본땅에서 자신이 조선인임을 숨기기는커녕 떳떳이 우리학교를 세우고 아이들에게 '민족의 혼'을 심어주다니…. 그저 이분들 앞에서 숙연해질 뿐이다. 학교 참관을 마친 뒤 교장실에서 학부모들과 대화를 나눌 기회가 있었다. 남편이 질문을 던졌다.

"미국에서는 이런 '우리 학교'를 상상할 수가 없습니다. 물론 주말에 운영하는 한글학교가 있기는 하지만요. 미국은 적어도 소수민족에게 제도적 차별은 없습니다. 잘 아시다시피 흑인이 대통령도 할 수 있는 나라입니다. 그러니 우리 한인들도 아이들이 어서 빨리 미국 사회에 동화돼 주류 사회로 진출하게끔 노력하지요. 우리학교를 세운다는 것은 생각도 못하는 일이며, 설사 있다고 해도 우리학교에 자녀를 보내려는 재미동포는 아마 거의 없을 겁니다. 질문이 있는데 혹시 일본에 미국과 마찬가지로 소수민족에 대한 법적·제도적 차별이 없다고 해도 자녀들을 우리학교에 보내실 건지요?"

그러자 한 학부모님께서 차분하게 답한다.

"정 선생님, 우리 자녀가 일본 총리대신이 된다고 해도 우리는 자녀들

고베 신나가타 근로시민센터에 서 열린 신은미 씨 강연회. (2015년 6월 20일)

을 우리학교에 보낼 겁니다. 우리 아이들이 일본사회에 진출할 길이 없어 우리학교에 보내는 건 아닙니다."

옆에서 듣고 있던 내 얼굴이 화끈거린다.

죽어서도 차별받는 '조센진'

일본에서의 마지막 강연. 연단 근처까지 좌석을 늘렸음에도 뒤쪽 통로까지 많은 관객들이 서서 경청한다. 때로는 웃기도 하고 때로는 눈물을 훌쩍인다. 강연을 마치고 연단을 내려오며 속삭인다.

'동포여, 사랑합니다. 언젠가 통일이 되면 조국에서 함께 만나 덩실덩

고베 대승사에서.

실 춤을 춰요. 고통
의 눈물이 아닌 환
희의 눈물을 흘리면
서.'

일본에서의 모든
강연 일정을 마치고
도쿄로 다시 돌아가
기 전 고베의 대승
사라는 절에서 재일
동포 여성들과 식사

모임을 가졌다. 절의 주지 스님께서 이 절이 주택가에 세워진 유래를 말
씀해 주신다. 돌아가신 재일동포의 유골을 모시고자 일본의 절을 찾으
면, 조선인이라는 이유로 거절당했다고 한다. 그래서 고인들의 유골을
모시고자 이 절을 세웠단다. 울분이 치밀어 올라 숨이 턱 막힌다.

얼마나 많은 재일동포들이 부모님의 유골을 가슴에 안고 이 절 저 절
을 찾아 길거리를 헤맸을까. 일본 불교는 일본인만을 위한 부처를 모시
는 종교란 말인가. 하기야 내가 믿는 기독교도 별반 다르지 않다. 종교
의 자유를 찾아 아메리카 대륙을 찾았다던 유럽인들은 인디언이라 불렸
던 원주민을 무참히 학살했다. '기독교인이 아니면 영혼이 없고, 영혼이
없으면 인간이 아니고, 인간이 아니면 죽여도 좋다'는 그들에 대해 기독
교가 인디언 학살의 도덕적 재가를 제공한 것이다.

목화 농장에서 채찍을 휘두르며 아프리카 사람들을 짐승 부리듯 다루

고, 집에 돌아와서는 저녁상 앞에서 "오, 주여! 일용할 양식을 주셔서 감사합니다!"라고 기도했던 이들과 '조선인의 유골을 일본인의 유골과 함께 둘 수 없다'는 일본 불교인과는 본질적으로 차이가 없다. 우리나라 기독교의 타락 수준도 이들을 능가한다. 몇몇 대형교회의 목사들은 '무당' 수준으로 전락했고, 그들이 섬기는 하나님은 가진 자, 힘 있는 자를 위한 '신령님'에 불과하다.

죽어서도 차별받는 '더러운 조센진의 유골'을 모시는 고베의 '우리 절'에서 교토의 으리으리한 '기요미수데라'(청수사)에서 보지 못한 극락을 본다.

이제 간다, 수양가족 찾아 북한으로

2015년 6월 23일, 드디어 수양딸 설경이와 설향이를 찾아 북한으로 가는 날이다. 공항으로 가기 전 재일동포들의 유일한 대학인 '조선대학'을 방문했다. 환영 인사차 나온 분들 중 한 분이 낯이 익었다. 그분은 2013년 9월 북한 여행 당시 만난 분이었다. 그분은 〈오마이뉴스〉에 연재한 첫 번째 기행문 《재미동포 아줌마, 북한에 가다》를 읽었다며 반갑게 나를 대해주셨다.

당시 평양에서 함께 사진을 찍은 적이 있지만 다시는 볼 수 없을 것이라 생각했다. 그런데 그분을 이곳에서 만나다니…. 그 누군가 '통일은 도둑같이 우리에게 다가올 것'이라 하더니만 이런 예기치 못한 만남을 두고 한 말인 걸까.

조선대학 캠퍼스에서 리산옥 교수와 함께.
재일동포들의 유일한 대학인 조선대학에서의 강연.(오른쪽)

조선대학 교정을 둘러보고 학생들과 함께 기숙사 식당에서 점심식사를 마친 뒤 강당으로 향했다. 교정에 남아있는 학생들이 모두 모였단다. 비행기 출발 시각에 쫓겨가며 이곳에서 예정에 없던 강연을 한다.

일본 순회강연을 통해 나는 재일동포들에 대해 많은 것을 배웠다. 특히 우리가 반국가단체로 알고 있는 조총련에 대해서도 말이다. 한때 청와대에 근무하면서 대북 정책을 담당했고, 지금은 대학에서 북한학을 연구하는 한 교수는 북한에 대한 우리의 편견과 무지에 대해 이렇게 말했다. "우리가 알고 있는 북한은 없다"라고. 나는 여기에 덧붙여 말하고 싶다. "우리가 알고 있는 조총련은 없다."

'조선대학'을 떠난 우리는 서둘러 나리타 공항으로 향한다. 열흘 내내 함께했던 다큐멘터리 영화 감독과 제대로 작별인사도 나누지 못한 채 헤어졌다. 늦은 밤 중국 심양에 도착한 남편과 나는 칠보산 호텔에 여장

을 풀었다. 칠보산 호
텔은 북한이 해외에서
운영하는 유일한 호텔
이었으나 지금은 중국
기업이 소유권을 갖고
있다고 한다.

침대에 누우니 그동
안 쌓였던 긴장이 풀리
면서 왼팔 마비로 인한
통증이 심하게 느껴진

나리타 공항에서 심양행 비행기 탑승을 기다리며 미국의 아이들과 휴대폰 문자를 주고받는 신은미 씨.

다. 평양의 수양딸들과 수양조카를 만날 생각에 잠이 오지 않는다. 둘째
수양딸 설향이가 편지에 결혼했다고 적어놨는데, 어쩌면 지금쯤 임신 중
일지도 모른다는 생각이 든다. 일본 순회강연으로 인해 짐을 최대한으로
줄이려고 북한의 수양가족들에게 줄 선물을 많이 준비하지 못한 게 내
내 마음에 걸린다.

느지막이 일어나 아침 겸 점심을 먹는다. 남편은 아침부터 해삼냉채
와 냉면을 먹겠단다. "아침부터 무슨 냉면이냐, 평양에 가면 곧 먹을 텐
데 죽을 들라"고 말했지만 남편은 도저히 못 참겠다며 기어이 주문한다.
"냉면맛이 평양과 아주 흡사하다"라고 종업원에게 말하자 요리사를 비
롯한 모든 직원들이 북에서 왔다고 답한다. 곁들여 주문한 김치가 일품
이다. 북한동포의 표현을 빌리지만, "쩡"한 느낌이 입안에서 요동친다.
이미 마음은 평양에 가 있다.

여행사 직원을 호텔 로비에서 만났다. 북한 비자와 비행기표를 건네받고 그의 차에 올라 공항으로 향한다. 공항에는 우리와 함께 동행할 한 재미동포 교수가 기다리고 있다. 북한역사를 전공하는 그 교수는 지난겨울 함께 북한을 방문하기로 돼 있었으나 에볼라로 인해 북한이 해외관광객 입국을 금지하는 바람에 이번에야 방문하게 됐다.

고려항공 카운터에서 짐을 부치고 탑승구에 가니 비행기가 연착이란다. 중국 공항에서 평양행 고려항공이 연착되는 건 처음이다. 비행기 연착이란 흔히 있는 일임에도 조금 마음이 초조해진다. 마음을 가라앉히고 조용히 눈을 감는다.

2014년 겨울, 서울에서 있었던 일들이 머릿속을 스친다. 무시무시한 종북몰이. 왜 일부 언론은 내가 하지도 않은 말을 만들어 허위보도를 일삼았는지…. 아무리 충격적인 뉴스도 보통 1주일을 넘기지 않는데, 거의 두 달이나 지속됐다. 나는 지금도 그 이유를 모르겠다. 탑승을 시작한다는 안내방송이 들린다. 손가방을 들고 말없이 일어서 바닥을 물끄러미 쳐다보며 탑승구로 향한다.

한겨레통일문화상 수상 소감

"두려워 말고 사랑을 해야"

2015년 7월, 내가 '제17회 한겨레통일문화상 수상자로 결정됐다'며 상을 주관하는 한겨레통일문화재단에서 연락이 왔다. 내가 입국이 금지되어 있어 시상식에 참석을 못할 테니 남편이 대신 참석한다면 비행기 표를 보내주겠다는 소식이다.

남편에게 대신 가겠냐고 물으니 거절을 한다. 훗날 나의 입국금지가 해제돼 함께 조국에 갈 수 있을 때까지 가고 싶지 않다고 한다.

나는 대리 수상하실 분으로 익산 통일콘서트 폭탄테러사건 당시 몸을 던져 나를 구하고 대신 화상을 입은 주권방송 곽성준 기자에게 부탁을 했다. 흔쾌히 승낙을 해주신다. 일생을 두고 잊을 수 없는 은인이시다.

나는 대신 다음과 같은 수상소감을 동영상과 함께 보낼 수 밖에 없었다. (https://www.youtube.com/watch?v=A1hQE-Mpilw)

2015년 7월 29일 신은미 씨와 남북경협기업비상대책위원회가 제17회 한겨레통일문화상을 공동 수상했다. 사진 왼쪽부터 고광헌 심사위원장(한국인권재단 이사장), 유동호 남북경협비대위 위원장, 임동원 이사장, 곽성준 씨(신은미 씨 대리수상), 정영무 한겨레신문사 대표이사, 정세현 전 통일부장관. © 이승헌

안녕하세요. 신은미입니다.

먼저, 통일에 대해 문외한인 제게 이런 큰 상을 내려주신 한겨레통일문화재단 임동원 이사장님을 비롯하여 저를 후보자로 추천해 주신 여러 단체와 개인, 뿐만 아니라 이 자리에 참석해 주신 여러 선생님께 깊은 감사의 말씀을 드립니다. 그리고 오늘처럼 뜻깊고 영광스러운 자리에 직접 참석하지 못하고 영상으로 대신하게 된 것을 매우 죄송스럽게 생각합니다.

수상자로 결정됐다는 소식을 처음 접하고 저는 '두려움'과 함께 '과연 제가 이런 큰 상을 받을 자격이 있을까' 생각해 보았습니다. 왜냐하면, 제가 두 권의 북한 기행문《재미동포 아줌마, 북한에 가다 -내 생애 가장 아름답고도 슬픈 여행》과《재미동포 아줌마, 또 북한에 가다 -내 생애 가장 아름답고도 행복한 여행》은 '통일 이야기'가 아닌 '사랑 이야기'이기 때문입니다. 그리고 '민족의 화합과 조국의 평화적 통일'에 대한 저의 간절한 염원은 북한을 여행하며 북녘의 동포들을 사랑하게 되는 과정에서 생겨난 '부산물'이기 때문입니다.

한겨레통일문화상 상패.

2011년 10월, 북한 여행의 첫발

2011년 어느 여름날, 인터넷을 통해 다음 여행지를 찾던 남편은 북한이 남한 국적자를 제외한 모든 나라 사람들에게 관광을 허용한다는 사실을 알게 되었습니다. 남편은 '북한도 우리나라 반쪽 땅이니 북한을 한 번 여행에 보는 것이 어떻겠냐'고 제게 제의했습니다. 북한이라면 달나라보다도 낯설게 느꼈던 저는 단번에 거절했습니다. 그러나 시간이 흐르면서 북한에 대한 호기심이 생겨났으며 마침내 2011년 10월, 북한여행의 첫발을 내딛게 되었습니다. 내키지 않는 마음에 호기심만 품고 따라간 북한여행은 충격 그 자체였으며, 다소 교만하고 냉소적인 마음으로 떠난 북녘땅으로의 여행을 통해 저는 저의 거짓 신앙과 지난날 조국에 대해 생각없이 살아온 이기적이고도 무심했던 제 삶을 뒤돌아볼 수 있었습니다.

저는 대구에서 태어나 매우 보수적인 기독교 집안에서 자랐습니다. 개신교 목사님이셨던 외할아버지께서는 제헌국회 의원으로서 국가보안법을 통과시킨 대표적인 국회의원이셨으며, 저의 아버지는 한국전쟁 때 육군 장교로 참전해 조국의 최북단까지 진군했던 군인이셨습니다. 자연스레 저 역시 지극히 보수적인 시각을 갖고 살아왔습니다.

그나마 제가 남편을 따라 북한에 여행을 간 것도 '그들은 우리와 얼마나 다를까' 하는 호기심 때문이었습니다. 그런데 정작 여러 차례의 여행으로 확인한 것은 오히려 '어쩌면 우리와 이토록 똑같을까' 라는 동질감이었습니다. 음식을 먹을 때나, 유적지를 참관할 때나, 인생의 희로애락을 얘기할 때나 그 무엇 하나 제 삶과 직접적으로 연결되지 않은 것이 없었습니다.

또한 동질감을 느끼면 느낄수록 조국이 분단되어 있다는 생각에 슬픔은 배가 되었습니다. 태어나서 처음으로 민족의 비극적 운명을 체험하고, 민족애를 느꼈으며 통일에 대한 염원을 갖게 된 '아름답고도 슬픈' 여행이었습니다.

뿐만 아니라 북녘동포들의 아픔과 힘겨움이 그들만의 아픔과 힘겨움이 아닌, 남과 북, 그리고 해외동포 우리 모두의 아픔이요, 힘겨움임을 절실히 깨달았습니다.

어쩌면 우리와 이토록 똑같을까

저는 지금도 첫 북한여행 때 금강산에서 만난 북녘의 아이들을 품안에 안고 사진을 찍으면서 마음속으로 속삭였던 말을 뚜렷이 기억하고 있습니다.

"남북의 사랑스런 아이들아, 너희들은 절대로 서로 총을 겨누지 마라. 손에 손을 잡고, 눈을 마주치며 행복의 노래만 부르거라."

북한을 여행한 지 이틀 만에 난생처음으로 뜨거운 민족애가 가슴을 헤집고 나오는 순간이었습니다.

북녘동포, 이들이야말로 분명 제가 사랑하고 보듬어 안아줘야 할 내 민족이요, 내 형제자매, 그리고 이웃이었습니다. 보잘것없고 편협하기 그지없던 마음의 빗장을 부수고 활짝 열어젖히니, 어두웠던 곳곳을 환히 비춰주는 따사로운 빛줄기가 들어 왔습니다. 진즉에 열어 젖히지 못한, 미련하고 어리석었던 마음에는 아쉬움만 가득했습니다.

저의 첫 번째 기행문은 '내 생애 가장 아름답고도 슬픈 여행'을 통해 뜨게 된 마음의 눈으로 써 내려간 글이었습니다. 슬픔의 눈으로 대상을 바라볼 때, 진정으로 사랑하는 마음이 솟아남을 느꼈습니다. 사랑으로 바라보니 그 어떤 것도 굴절되거나 삐뚤어짐이 없고 어그러짐 없이 제 모습대로 보였습니다.

지금도 지나간 기억이 되살아나 미소를 짓기도 하고, 눈물을 흘리기도 합니다. 여행 중에 만난 따뜻한 북녘동포들에 대한 기억에 아직도 가슴이 뭉클하고, 스쳐 지나는 사이에 비친 그들의 가난에 지금도 가슴이 에이듯 슬프고 고통스럽습니다. 여행을 다녀온 후 사람들이 제게 "북한은 어떤 나라냐"고 물으면 저는 이렇게 답하곤 합니다. "아름다운 사람들이 사는 가난한 나라"라고 말입니다.

북한여행을 통해 제게는 수양가족들이 생겼습니다. 그리고 제 자신이 이산가족이 되어 미국으로 돌아왔습니다. 저의 두 번째 기행문 〈재미동포 아줌마,

또 북한에 가다〉는 수양가족과 곧 태어날 수양손주의 선물을 들고 그들의 집을 찾아가는 '내 생애 가장 아름답고도 행복한 여행' 이야기였습니다.

사실 저는 2011년 10월 첫 북한 관광을 가기 전까지만 해도 민족이니, 동포니, 통일이니 하는 단어조차도 떠올려보지 않고 살아왔습니다. 김대중 대통령께서 북한을 방문하셨을 때, 저는 그분의 방북 장면을 아무런 감동없이 바라보았습니다.

더 솔직히 말씀드리자면 약간 불편하기까지 했습니다. 그리고 말씀드리기 부끄러우나, 6·15 선언이 무엇이라는 것도 북한 여행을 통해서야 알게 되었습니다. 김대중 대통령께서 이룩하신 6·15선언이 우리 민족의 운명에 얼마나 중요한 이정표라는 것을 나이 오십이 넘어서야 깨달았으니 그저 저의 무지를 한탄할 뿐입니다.

마음 속 분단장벽 허물어야

저는 북녘을 여러 차례 여행하면서 분명히 확신하게 된 것이 있습니다. '남과 북, 우리겨레는 70년의 분단세월 동안, 생활의 양식만 달라졌을 뿐, 우리의 본질은 하나도 변한 것이 없다'는 사실입니다. 즉, '변할래야 변할 수 없는 민족적 정서를 그대로 공유하고 있으며, 우리는 한 공동체를 이루어 살아가는데 아무런 문제가 없다'는 것입니다.

남과 북이 화해하고 서로 협력하여 통일조국으로 향하는 순간, 우리의 남과 북은 더 이상 서로에게 위협이나 골칫거리 상대가 아닌, 서로에게 축복이 되는 관계가 될것 입니다. 무엇보다도, 민족의 분단으로 인해 잠시 중단된 찬란

한 우리의 역사를 다시 함께 써내려 가는 가슴 벅찬 상황이 실현될 것입니다.

통일조국에서 살아갈 다수의 주인공은 저 같은 남과 북의, 그리고 해외의 평범한 동포들입니다. 그러므로 우리들 마음속에 자리 잡고 있는 분단 장벽을 허무는 것이 무엇보다도 중요하다고 생각합니다. 서로에게 쌓여있는 마음의 장벽을 허물어뜨리지 않은 상태에서 통일이란 한낱 꿈에 불과할 것입니다.

우리는 서로 사랑을 회복해야 합니다. 남과 북, 그리고 해외동포인 우리는 서로를 향해 눈을 뜨고, 마음을 열고, 두려워 말고 사랑을 해야 합니다.

그런 의미에서 저는 이미 마음으로는 통일된 조국에서 살고 있습니다. 왜냐하면, 저는 지금 육체적으로는 나의 모국, 대한민국에 앞으로 5년간 갈 수 없는 상황이지만, 저와 한마음으로 민족의 화해와 평화적인 통일을 염원하는 모국의 동포분들이 계시기 때문입니다. 그리고 북녘에도 순박하고 정 많은 나의 형제들이 진정으로 우리 겨레가 하나되기를 저와 한마음으로 소망하고 있기 때문입니다.

남과 북의 오작교 역할하는 해외동포

저는 비록 모국에서 강제출국 당했지만, 해외동포로서 할 수 있는 일을 제가 사는 이곳 미국에서 해 나갈 것입니다. 남과 북이 다시 예전처럼 좋아질 때까지 남과 북의 오작교 역할을 해야 하는 것이 조국을 떠나 살아가고 있는 해외동포인 우리가 할 수 있는 일이라 생각합니다.

저는 앞으로도 수양가족을 만나기 위해 기회가 닿는 대로 북한을 방문할 것입니다. 그리고 계속해서 남과 북, 그리고 해외동포 여러분들께 사랑의 이야기를 전하겠습니다.

오늘의 이 영광스런 '한겨레통일문화상'이 저에게 좀 더 힘을 내어 조국을 사랑하라는 격려라 여기고 기꺼이 감사하는 마음으로 받겠습니다. 고맙습니다.

2015년 7월 29일

04

통일토크콘서트
테러사건을 말하다

남과
북의
오작교가
되어

너무 솔직해서 탈일까?

이만열 · 숙명여대 명예교수, 전 국사편찬위원장

2014년 연말 전북 익산의 통일토크콘서트에서 일어난 폭발물 사고는 재미교포 신은미 선생을 부각시켰다. 나는 그 사건을 보고 매우 안타깝게 생각한다. 그러기에 그를 소개함으로 그에게 덧씌워져 있는 선입견을 벗길 수 있었으면 하는 기대를 갖는다. 내가 이 글을 씀으로 최근 항간에 퍼진 나에 대한 왜곡된 소문을 악화시킬 수 있다는 것도 모르지 않는다. 악의적인 헛소문에 일일이 대응한다는 것이 불가능하다는 것도 알고 있다. 명예를 중히 여기면서 이제 살 만큼 살았으니 그 명예 좀 짓밟히면 어떠랴. 이럴 땐 〈시편〉 기자가 말한 대로, "하나님이여, 주의 이름으로 나를 구원하시고 주의 힘으로 나를 변호하소서"라고 고백하는 것밖에는 다른 길이 보이지 않는다.

내가 신 선생과 인사를 나누게 된 것은 약 2년 전 한반도평화포럼에서 그를 초청하여 그의 북한방문 강연을 들었을 때다. 그는 자신의 남편과 함께 북한 방문을 마치고 서울에 와서 우리들의 초청에 응해 북한 소식을 전해 주었다. 강연을 마치고 그는 손수 피아노를 치면서 노래를 불렀고 앙코르로 화답했다. 그 무렵 그는 인터넷 매체인 〈오마이뉴스〉에 매주 1~2회씩 북한방문기 〈재미동포 아줌마 북한에 가다〉를 연재했고 매회 수십만 명이 읽었다. 한반도평화포럼에서 그를 초청하게 된 것도 〈오마이뉴스〉에 연재되고 있는 그의 글을 읽었기 때문이다.

나는 2012년 6월경부터 연재된 그의 기행문을 가끔 읽으면서 북한 방문에 대해서 나보다는 솔직하게 표현하고 있다고 생각했다. 그는 내가 가보지 못했던 곳을 갈 수 있었고, 내가 보지 못했던 것을 볼 수 있었다. 때문에 나는 그가 묘사한 북한과 내가 방문했을 때 느낀 북한을 비교해 보기도 했다. 그의 방문기에 의하면, 확실히 그는 내가 방문했을 때에 어떤 제약이 주어진 것과는 달리 적어도 나보다는 더 자유스럽게 관람했던 것 같았다. 이는 그의 국적이 재미교포였기 때문이었을 것으로 판단했다. 그는 2011년 10월, 2012년 4월과 5월, 그리고 2013년 8월과 9월에도 나진 선봉과 북한의 여러 곳을 다녀왔다.

보고 들은 대로 솔직하게 표현

신은미 선생의 북한 여행기는 뒷날 같은 제목의 책으로 묶였다. 놀라운 것은 그 책이 문화관광부 2013년도 우수도서에 지정되었다는 것이다. 또 통일부는 그 책을 홍보하는 동영상 프로그램까지 만들어 홈페이지에 올리기도 했다. 2014년 10월에는 한국기자협회, PD연합회, 전국언론노동조합이 공동으로 수여하는 '통일언론상 특별상'을 받기까지 했다.

2014년 4월 전국 순회강연을 했는데 그때도 전혀 문제가 되지 않았다.

그의 책을 더 소개할 겨를이 없지만, 그의 기행문이 이렇게 정부에 의해서 평가받은 것은 그만한 이유가 있다고 본다. 우선 그는 그가 보고 들은 것을 솔직하게 표현하고 있다. 그런 솔직한 표현이 뒷날 남북한 당국에 의해 족쇄가 될 수도 있는데, 그는 그걸 개의치 않고 보고 들은 대로 썼다. 그것이 북한 이해와 통일 의식 형성에 도움이 된다고 판단했기 때문일 것이다. 나는 다 읽어보지 못했기 때문에 그의 책을 언급하는 것은 한계가 있지만, 적어도 내가 읽은 범위에서는 그런 솔직함을 느꼈고, 그 책은 남북한이 서로를 이해하는 데에 큰 도움이 될 것이라 판단했다. 남북한이 서로를 이해하는 것이 통일의 전제라면 그 책은 그만큼 통일에 기여했다고 하지 않을 수 없다.

그의 글과 강연을 통해 내가 알게 된 그는 어릴 때에 리틀엔젤스 단원으로서 세계를 누비며 음악을 선사했다. 그는 서울의 명문 여대에서 음악을 전공했고, 서울 강남의 모 대형교회 성가대원으로 활동했다. 그의 가정 분위기도 반공의식에 충실하여 그의 외조부가 제헌국회 때에 반공법을 만드는 데에 앞장섰다고 한다. 이렇게 그는 한국 사람이라면 내재적으로 갖고 있는 반공의식과 강남이 상징하는 부르주아성과 보수성을 벗어나지 못했다.

북의 평범성에 놀라다

LA에서의 결혼 생활도 민족이니 통일이니 하는 데로 의식을 확대시키지 못했다. 여행을 좋아하는 그의 남편이 이것저것 고르다가 북한을 선택했을 때에도 그는 왜 하필이면 북한이냐고 항의할 정도였다. 그는 우리 대부분이 경험한 철저한 반공교육에 갇혀 반공적 삶에서 한 발자국도 벗어나지 못했다. 그러나 두려움과 초조함으로 처음 방문한 북한에서 그의 표현처럼 "방북 첫날, 일종의 충격을 느꼈다"는 것이다. 북한의 평범성에 놀랐다는 것이다. 이것은 필자 또한 그랬고, 그 밖의 북한 방문자들이 느낀 것이나 다름없다. 그는 이 "지극히 평범하고 당연한 모습에서 갑자기 배신감이 느껴지게 되었다"고 했다. 그가 이때껏 배우고 상상했던 북한은 이런 곳이어서는 안 되기 때문이다. 그만큼 어릴 때부터 배우고 익힌 북한에 대한 예단이 북한의 표면상의 실제 모습 앞에서 혼란을 일으킨 것이다. 그런 느낌은 북한을 처음 방문했던 필자나 우리 모두에게도 낯설지 않은 것이다.

한반도평화포럼에서 그 내외와 인사를 나눈 후 명함을 주고받았다. 그 뒤 누가 먼저랄 것도 없이 한두 차례 인사치레의 전자 우편을 주고받았다. 필자는 그가 북한에 다녀왔다는 점에 유의하여 내가 출석하고 있는 하나로교회를 소개했다. 하나로교회는 북한에서 내려온 새터민 청년들이 많이 출석하고 있다. 고향 소식에 목말라 하는 그들에게 북한 소식을 들려주고 싶었던 것이다. 메일을 교환하면서 필자는 신 선생 내외분께, 서울에 들를 기회가 되면 우리 교회를 방문하여 예배를 같이 드릴 수 있으면 좋겠다고 했다. 더 가능하다면 신 선생 내외의 북한 방문 소식을 우리 교회의 북한 출신 청년들에게 간증해 주면 좋겠다는 의견도 제시했다. 그러던 차 2014년 10월 말경 신 선생 내외가 메일을 보내면서, 다시 북한 방문을 위해 서울을 들를 것이라고 했다. 나는 그가 서울에 오게 되면 우리 교회에 와서 북한 청년들에게 방북 여행기를 들려주는 것이 좋겠다고 생각하고, 교회와 의논 신 선생을 모시게 되었다.

나는 신 선생 내외분에게 11월 23일 주일 오후에 우리 교회에 와서 북한 방문을 간증해 달라고 요청했고, 그 날 오후에 북한방문 이야기를 풀었다. 그는 북한방문 이야기를 하면서 무엇보다 통일의 당위성을 강조했다. 이것은 그의 여행기 곳곳에서 나타나는 북한에 대한 연민의 정과 상통한다. 내가 그를 초청한 사실을 두고도 사시의 눈으로 보는 이들이 없지 않다. "지금도 북한의 현실을 보고 느낀 대로 전하는 것이 남북통일에 도움이 되며 최고의 국위선양이라 생각"한다는 신 선생 말에 우리 모두 좀 더 진지해졌으면 한다.

털어도 먼지 안 나자 출입국관리법 위반으로 추방

반공주의에 갇혀 대결의 눈으로만 북한을 바라보던 신 선생은 북한방문을 통해 동족에 대해 새롭게 눈을 뜬 것으로 보인다. 어느 기자는 신 선생의 글을 두고 이렇게 말했다. "어떤 측면에서 신 씨의 글은 지나치게 순진무구한 것이 사실이지만, '종북'이나 '찬양'으로 보기는 어려웠다." 그 기자는 또 신 선생 남편이 〈동아일보〉와의 인터뷰에서 언급한 "나는 오히려 북한에 가서 실망한 것이 많았는데 반공교육을 철저하게 받았던 아내는 순박한 사람들에게 감동을 느꼈다"고 한 말을 들려주었다.

나 또한 그 기자의 말에 동의한다. 그는 출국정지 기간 동안 세 번이나 경찰 조사를 받았지만, 이재봉 교수의 지적처럼 "경찰이 그녀의 책 앞표지부터 뒤표지까지 아무리 샅샅이 살펴봐도 국가보안법 위반으로 잡아들일 내용이 없고, 강연 내용을 뒤져봐도 잘못이 없으며, 미국 내에서 지인들과 통화한 기록까지 털어도 시비를 걸게 없으니, 출입국관리법 위반으로 처벌"한 것 같다고 했다. 말하자면 털어도 먼지가 나지 않으니 "관광비자로 입국해 강연하며 돈을 벌었다는" 출입국관리법 위반으로 흠집 씌워 추방하려는 것이다.

그는 글에서든 강연에서든, 종편과 보수언론이 그를 두고 주장한 "북한은 지상낙원"이라고 묘사한 적이 없음을 분명하게 밝혔다. 우리 사회가 '종편'적 잣대에 따라, 신 선생의 간증을 왜곡하거나 매도한다면 우리가 지향하는 민주주의와 관용성에 크게 역행한다고 생각한다. 종편적 잣대에 따라서 어제 우수도서로 정부가 표창한 그 도서가 오늘에 와서 그 책 내용으로 분명한 이유를 찾지 못한 채, 그것도 정부가 그 명예를 말소시키는 것은 도저히 이해할 수 없다. 우리 사회가 그렇게 옹졸한 사회가 아니지 않은가.

나는 민주사회의 다양성과 관용성이 그의 북한방문의 느낌까지 얼마든지 포용할 수 있다고 확신한다. 우리 사회가 그가 기자회견문으로 낸 '통일토크콘서트와 관련하여 발표한 기자회견문'을 한 번이라도 읽어보았다면, 그에 대한 편견을 버리고 그의 호소의 진정성에 귀를 기울일 수 있게 될 것이다.

《잊히지 않는 것과 잊을 수 없는 것》 중에서, (2015년 2월)

화이부동의 지혜가 필요

문정인 · 연세대 정치외교학과 교수

재미동포 신은미 씨의 토크콘서트가 화제다. 일부 보수 언론과 보수 단체들은 신은미 씨를 북한의 장단에 놀아나는 철없는 종북주의자로 규정했고, 급기야 한 보수 단체가 신 씨를 국가보안법 위반 혐의로 고발했다. 이를 보며 크게 세 가지가 우려된다.

무엇보다 폭력, 특히 백색 테러에 대한 우려다. 신은미 씨의 '북한 알기' 토크콘서트가 일부 언론에 의해 '종북 콘서트'로 알려지면서 서울과 대구에서의 행사는 취소됐고, 전북 익산 행사마저 한 고교생의 사제 폭발물 투척으로 아수라장이 되고 말았다. 이는 분명한 테러 행위다. 그럼에도 불구하고 일부 인사들은 이를 미화하고 있다. 심지어 여당 국회의원까지 나서 테러범을 옹호한다. 참으로 어처구니없는 일이다. 한국의 보수가 전가의 보도처럼 내보이는 가치는 자유민주주의와 정치사회적 안정이다. 그런데 공개된 장소에서 인명 살상을 꾀하고 법질서를 파괴하는 테러리스트를 옹호하는 보수 진영이라니. 폭력은 폭력을 낳는다. 좌우 막론하고 폭력이 난무하는 곳에서는 시장도, 국가도, 민주주의도 존재할 수 없다. 이 때문에 새누리당 하태경 의원의 지적이 맞다. "종북 반대를 빌미로 폭력 테러를 하거나 이를 찬양하는 것도 민주주의를 파괴하는 것이다. '백색 테러' 옹호자들을 새누리당에서 모두 제명시켜야 한다."

테러범 옹호하는 자유민주주의자?

두 번째로 이번 사태는 자유에 대한 성찰을 새롭게 해준다. 보수 진영이 금과옥조처럼 여기는 자유민주주의는 국가의 자의적 지배에서 개인의 권리를 보호하기 위해 만든 정치 질서다. 개인의 신성불가침한 권리를 보호하기 위해 시민들이 사회계약을 통해 만들어놓은 것이 자유민주주의 국가다. 이 때문에 자유, 그중에서도 표현의 자유는 핵심 가치다. 그래야 국가에 대한 견제가 가능하기 때문이다. 물론 《자유론》의 저자 존 스튜어트 밀이 지적했듯이 개인의 자유가 집단의 이익과 타인의 권리를 침해할 경우, 그 자유에 제재를 가할 수 있다. 그런데 과연 신은미 씨의 발언에서 그런 '해악'을 발견할 수 있는가? 신 씨가 던지는 화두는 '북한을 악마화하지 말라'는 것이다. 여행 중 자신이 본 북한은 "가난하지만 착한 사람들이 사는 나라" "순진하고, 순박하며, 겸손한 심성을 가진 사람들이 사는 나라"라는 것이다. 북한이 '꼭 차갑고 어두운 나라'만은 아니고 '밝고 따뜻한 모습'도 가졌다고 전한다. 이것이 국가보안법상 '고무 찬양'에 해당된다면 우리 사회에 표현의 자유가 설 자리는 없다.

다양한 의사 표시를 흑백논리의 마녀사냥으로 재단하고 배제하는 것은 파시즘적 작태와 다를 바 없다. 해악의 유무와 정도는 오로지 법에 따라 판단할 수 있을 뿐이다. 자신만이 생각하는 자유를 위해 타인의 자유를 일방적으로 부정하는 것은 자유민주주의의 기본 원리를 정면에서 위배하는 것이다.

마지막으로 북한에 대한 인식론적 독점주의가 걱정된다. 탈북 인사를 포함한 일부 보수 인사들은 신은미 씨를 '북괴의 아바타이자 좀비'로 규정하며 북한의 실상을 왜곡하는 '거짓 무리'로 규탄하고 있다. 북한을 목숨 걸고 빠져나온 탈북자들의 시각으로는 그런 주장이 나올 수 있다. 그러나 박근혜 대통령이 지난 12월 15일에 했던 "몇 번의 북한 방문 경험이 있는 일부 인사들이 북한 주민들의 처참한 생활상이나 인권침해에 대해서는 눈을 감고, 자신들의 일부 편향된 경험을 북한의 실상인 양 왜곡·과장하면서 문제가 되고 있다."라는 발언은 수긍하기 어렵다.

'화이부동'의 지혜로 남남 갈등 극복해야

탈북자가 보는 지옥 같은 북한이 있을 수 있듯이 여행자 신은미 씨가 보는 다른 북한이 있을 수 있다. 분명히 신 씨는 자신이 보았던 북한을 북한 전체라고 주장하지 않았다. 그랬다면 이는 부분을 보고 전체를 예단하는 '환원주의의 우'를 범하는 것과 다를 바 없다. 북한은 폐쇄 사회다. 신 씨도, 탈북자도, 심지어 북한 전문가도 북한의 일부만을 볼 수 있을 뿐이다. 신 씨가 본 북한이 우리가 아는 일반적인 북한이 아니라 할지라도 그녀의 말을 경청할 필요가 있다. 3대 세습체제에서 호의호식하는 이들도 북한 사람이고 그들에 대해서도 알아야 하기 때문이다. 판단은 그것을 듣는 국민이 하면 된다.

이번 일을 계기로 새해에는 우리 사회에 새로운 전기가 마련되었으면 한다. '다름을 인정하고 같음을 추구하는' 구동존이(求同存異)가 어렵다면 최소한 '다르지만 조화롭게 살 수 있는' 화이부동(和而不同)의 지혜는 가져야 할 것 아닌가. 그래야 남남 갈등을 극복하고 국민 통합을 이루는 동시에 통일 준비의 길에 나설 수 있다.

〈시사인〉, (2015년 1월 1일)

'통일을 하려면 서로 친북하고 친남해야'

오인동 · 재미동포 의학자

분단 70년을 앞둔 2014년의 마지막 달, '재미동포 아줌마' 신은미 씨가 남한에서 분단 종식을 염원하는 평화통일콘서트를 하고 있었다. 이명박, 박근혜 정부 출범 7년 동안 남북 교역과 왕래가 단절된 상태에서 그녀는 북과 남을 넘나들며 남북의 실상을 양측에 전해왔다.

지난 4월에도 신은미 씨는 북녘 방문을 통해 보고 들은 것을, 또 북녘동포와 수양가족의 인연까지 맺고 지내는 이야기를 전국을 돌며 수많은 이들에게 들려줬다. 통일을 하려면 남과 북 서로를 조금 더 많이 알아야 한다는 그녀의 진솔한 이야기에 많은 사람들이 박수를 보냈다.

나는 '남북연합방 경제체제'를 시작으로, '남북평화체제'를 먼저 이루고 '미국의 선물, 우리 겨레의 핵'을 남과 북이 공동관리해 핵 비확산을 보장하자는 내용의 전국순회강연을 3주 동안 신은미 씨와 같은 시기에 진행했다.

지난봄 강연 당시에는 〈조선일보〉와 〈동아일보〉, 그리고 두 신문사가 소유한 종편 TV의 주의를 끌지 못했는지 여론은 조용했다. 하지만 이번 12월은 달랐다. 〈조선일보〉, 〈동아일보〉 등 수구신문과 방송은 지난봄 강연 내용과 다를 게 없는 신은미 씨의 토크콘서트에 '종북콘서트'라는 이름을 붙이고 여론몰이를 했다.

신은미에 손뼉 치던 남한, 돌변하다

"북녘 산천이 오염되지 않아 깨끗"하고 "대동강맥주가 맛있다"는 말을 두고 북을 고무·찬양한 종북 발언이라고 규정했다. 북을 두고 '지상 낙원'이라고 말한 적도 없는데, 종편 TV 방송에 출연한 탈북인들과 시사평론가라는 사람들이 신은미 씨에 격렬한 비난을 퍼부었다.

예상하지 못했던 '종북몰이 마녀사냥'에 신은미 씨는 당황했다. 참담함을 느낀 그녀는 강연 취소까지 고민했던 모양이다. 하지만 그녀는 강연을 초청한 여러 단체의 성원과 국내·해외동포들의 격려와 성원에 힘입어 남북화해를 위한 전국순회강연 일정을 계속하겠다고 밝혔다.

2011년 이래 북녘의 수도 평양에서 시작해 농촌·어촌·산악 지역과 고적지, 관광지를 여행하며 본 모습, 그리고 북녘동포들과 나눈 이야기를 담은 신은미 씨 부부의 여행기는 〈오마이뉴스〉에 50여 차례에 걸쳐 연재됐고, 누적 조횟수는 수백만에 이른다. 그만큼 남한 사람들은 북녘 소식에 관심과 흥미가 있었던 모양이다. 이어 첫 번째 연재 기사는 《재미동포 아줌마, 북한에 가다》로 엮여 출판됐고, 문화체육관광부 우수도서로 선정돼 전국 공공도서관에 비치됐다.

그녀가 북에서 만난 순박한 동포들의 모습이 남녘 동포들의 가슴에도
와 닿았던 것이다. 게다가 통일부는 남북화해와 통일에 기여한 그녀의
활동을 동영상으로 제작해 누리집에 올려놓기도 했다.

수구세력은 불안했나

나는 지난 6년 동안 평양의학대학병원에 직접 가 인공고·무릎관절
치환수술을 북녘 의사들과 함께해 왔기에 그녀가 북녘의 무슨 이야기를
하는지 잘 안다. 농촌에 초가집 같은 게 보이지 않고 단층 연립주택들이
정돈돼 세워져 있는 모습과 트랙터로 농작물을 수확하는 모습, 지방 도
시에서도 열리고 있는 자유시장의 모습 등은 남한 동포들에게 모두 새
로웠을 것이다.

이런 모습은 수구언론이 쏟아내는 굶주린 꽃제비들이나 젊은 탈북여
성들이 종편에 출연해 남한 청춘들과 웃고 떠들며 고향 땅을 저주하는
모습과도 달랐을 게다. 평양 거리에 늘어난 택시, 남한의 성냥갑 같은
아파트가 아니라 원형·타원형 등 다양한 모습의 고층 살림집(아파트), 또
도로변에 깔린 푸른 잔디의 모습을 보는 것도 불편했던 모양이다.

미국에 사는 동포 아줌마가 슈퍼마켓에 들어가 출산을 앞둔 수양딸에
게 먹일 미역과 소고기를 사는 모습은 충격적이었을 수도 있다. 미국에
서 온 수양부모를 대접하기 위해 준비한 음식 사진을 보면서 '저것이 어
떻게 북한 사람들이 매일 먹는 음식이냐'라며 열을 올리는 탈북 여성들
의 목소리와 이에 맞장구치는 토론자들의 고함은 처량하게 들렸다.

북이 고난의 행군을 하던 10여 년 전, 탈북한 여성들과 고위직에 있다가 망명했다는 남성 몇몇은 최근 4~5년 사이 북에 다녀온 재미동포들이 들려주는 이야기와 그들이 찍어온 사진을 두고 '완전한 거짓'이라며 열을 올렸다. 그리고 '맞짱토론'을 하자고 덤볐다.

남북 교역 중단에도 불구하고 힘겹게 경제발전에 총력을 기울여 조금씩 밝은 모습을 보여주는 북이 남한의 수구세력에게 불안감으로 작용한 모양이다. 남한의 수구세력에게 북이란 '사람이 계속 굶어 죽어나가야 하는 나라'인가. 남한의 수구세력은 북이 식량난, 에너지난, 경제난에 처했을 때에는 비아냥댔다. 그러다가 북이 겨우 경제 사정이 회복돼 번듯한 건물과 상점을 세우는 것을 보면서는 '저기는 노동당 간부들만 가는 곳'이라고 폄하한다.

아직도 원한을 씻지 못한 남한의 어버이들이나 그 어버이들에 오도된 젊은이들에게 북은 '잘 먹거나 잘살아서도 안 되는 상대'인 모양이다. 휴대전화로 통화를 하며 거리를 활보하는 남녀 인민들의 모습도, 롤러스케이트를 타는 장난기 어린 아이들의 웃음소리도 용납되지 않는가 보다.

신은미 씨는 그동안 여행기를 통해 북에도 남한과 똑같은 감성을 지닌 동포들이 살고 있다는 것을 알려왔다. 지난가을 한국기자협회·한국PD연합회·전국언론노조는 신은미 씨의 공로를 인정해 통일언론상 특별상 수상자로 선정했다.

하지만 2014년 12월, 신은미 씨는 졸지에 '북의 지령과 돈을 받고 공작을 한다'라는 이야기까지 듣게 됐다(재미동포들은 자비로 북을 방문한다). 신은미 씨는 북을 방문하면서 느낀 바가 있어 남과 북에 도움이 될 길을 찾고 있었던 것일 뿐이다.

서로 알아가도 부족한 지금 '종북몰이'라니

오늘도 분단 70년을 살고 있는 남과 북의 최고의 덕목은 '통일'이다. 통일을 하려면 남북이 서로를 알아야 한다. 그래서 나쁜 점은 조용히 꾸짖고, 좋은 점은 크게 칭찬하며 서로 친북하고 친남해야 한다. 북에서 배울 게 있다면 배우고, 남에서 배울 게 있다면 배워야 남과 북이 평화적으로 하나가 될 수 있다.

하지만 최근 신은미 씨를 둘러싼 남한의 '종북몰이'는 남북 상호이해와 거리가 멀다. 남과 북의 실상을 양측에 알려 통일에 이바지하고자 하는 해외동포의 양심과 표현의 자유는 국가보안법에 얽혀 유린당하고 있다. 남북의 통일을 원하지 않는 외세는 북을 늘 악마화해 왔다. 최근 남한의 여론몰이도 이와 다르지 않다. 그렇다면 남한은 결국 통일을 하지 않겠다는 말인가. 일련의 사태를 바라보는 해외동포의 마음은 착잡하다. 통일의 그날, 오늘 남과 북의 친남·친북, 종북·숭남주의자들은 통일애국훈장을 받아야 할 터인데 말이다.

수구언론의 선동에 자극받아 일어선 반북단체들의 강연 방해에도 신은미 씨는 의연하게 강연일정을 계속 이어왔다. 그러던 중 지난 10일 전북 익산에 있는 한 성당에서 열린 강연회에서 폭발물 투척 사건이 벌어졌다.

나는 이 사건을 접하면서 무척 놀랐다. 하지만 더 놀라운 것은 남한의 수구보수층에서는 테러범을 '열사'라고 추켜세우며 모금운동까지 벌였다는 사실이었다. 할 말조차 잃어버렸다. 내가 사는 미국에서 이런 일이 벌어졌다면 테러범과 그 배후세력을 규명해 엄중하게 처벌해야 한다는 여론이 들끓을 것이다.

폭발물을 투척하고 테러범에 돈을 모아주는 풍경, 이것이 세계 10위권 경제대국의 모습일까. 상식과 합리성은 눈을 씻고 찾아봐도 없다. 세월호 유가족이 단식농성을 벌이는 자리에서 폭식시위를 하는 야만적인 나라가 내 모국이라 생각하니 두렵기까지 하다.

밖에서 보는 남한은 커다란 역량과 위세를 키워온 것으로 보인다. 나는 내 모국이 자랑스럽고 든든해 보이기도 한다. 하지만, 왜 북이나 통일과 관련한 일에는 대범하지 못하고 소국의 면모를 보이는지 의문이다.

해외동포들은 분단의 현장에 살지는 않지만, 남과 북이 집안싸움만 하며 외세의 농간에 놀아나는 모습을 보면서 무척 안타깝다. 남한은 조국의 통일에 기여하기 위해 신은미 씨를 향한 '종북몰이'를 접고, 남북 분단 종식의 길로 가는 계기로 삼아야 할 것이다.

〈오마이뉴스〉, (2014년 12월 24일)

* 이 글을 쓴 오인동 씨는 재미동포 정형외과 의사입니다. 저서로는 《평양에 두고 온 수술가방》(2010), 《통일의 날이 참다운 광복의 날이다》(2010), 《꼬레아 Corea, 코리아 Korea》(2008) 등이 있습니다.

검찰이 테러에 너그러운 이유

곽성준·주권방송 기자

'신은미·황선 통일토크콘서트 사제폭발물 테러'가 있은 지 7개월이 지났습니다.

가해자 A군에 대한 재판은 지난 5월, 전주 군산지원에서 '징역 1년에 집행유예 2년'의 선고가 있은 후 지금에 이르고 있습니다. 5월 14일 선고재판 후 지금까지 2개월이 넘는 시간이 지났지만 '검찰이 항소했다'는 뉴스나 소식은 접하지 못했습니다. 형사사건 절차상 항소할 수 있는 기간도 지나버렸으니 현재로써는 검찰이 항소를 포기했다고 볼 수밖에 없습니다.

며칠 전, 아는 분을 통해서 A군의 아버지가 '합의를 할 수 있느냐?'라는 의사를 물어왔습니다. 현재 민사재판을 준비 중인데, 재판까지 가지 말고 합의를 통해서 해결했으면 좋겠다는 설명이었습니다.

저는 지금 준비 중인 민사재판이 지난 5월에 있었던 형사재판의 연장 선상에 있는 재판이라고 생각합니다. 피해자가 있는 형사사건의 경우

'가해자의 진정한 반성과 사과'가 양형에 영향을 미친다고 알고 있는데, 피해자인 저로서는 당시 검찰과 재판부의 결정을 받아들일 수 없었고 지금도 마찬가지입니다.

선고공판이 있던 5월 14일, 판결이 끝난 후 '(A군은) 법정 밖에서 피해자 곽성준 씨에게 고개를 숙이며 사과했다'는 〈연합뉴스〉 보도가 있었지만 그날 저는 A군에게 사과를 받지 못했습니다. 공판이 한창 진행중이었던 3월, 용서를 빌며 무릎을 꿇던 모습과는 분명히 달랐습니다. 그런 이유로 저는 '합의'가 아닌 '재판'으로 마무리 짓고 싶습니다.

한편 페이스북을 통해서 신은미 선생님의 '한겨레통일문화상' 수상자 선정 소식을 듣게 되었습니다. 기쁜 소식이었고 축하인사를 전해드렸습니다. 그런데 며칠 전, 신은미 선생님께서 '나 대신 상을 받아줄 수 있겠느냐?'며 시상식 대리수상을 제안하셨습니다.

'사정상 시상식에 참가할 수 없으니 대신 가주시면 좋겠다'는 선생님의 제안에 바로 대답을 드리진 못했습니다. 하지만 '제안해 주셔서 감사드린다'는 인사와 함께 시상식에 참가하겠다는 의사를 전달하니 신은미 선생님도 기뻐하시면서 한마디 말씀을 덧붙이셨습니다. '이번 대리수상이 뉴스가 돼서 다시 한 번 사람들에게 테러의 위험성이 상기되길 바란다'는 말씀이셨습니다. 지난 '익산 토크콘서트 사제 폭발물 테러' 사건을 염두에 두고 하신 말씀일 것입니다.

'익산 토크콘서트 사제 폭발물 테러' 사건은 분명 사상 초유의 사건이었고 두고두고 회자될 사건임에 틀림없습니다. 판결이 난 후 재판 결과가 기사로 뜨자 솜방망이 처벌을 규탄하는 여론을 쉽게 확인할 수 있었습니다. 심지어 '초범에 진심으로 반성하고 어쩌고 하면서 집행유예 선고할까 걱정된다'며 재판 결과를 예측하는 인터넷 댓글도 있었습니다. 공판이 처음 시작되던 3월 30일에 달린 댓글이었고, 그분의 예상대로 A군은 집행유예를 받았습니다.

이런 여론에도 불구하고 검찰은 왜 집행유예 판결을 그대로 받아들이는 것일까요? 엄정처벌을 요구하던 검찰이 '집행유예' 판결에 항소도 포기한 채 어떤 입장도 내놓지 않고 있으니 '검찰이 테러를 법으로 보호하고 있다'는 비난을 면할 수 없게 됐습니다.

'통일토크콘서트 사제폭발물 테러사건'은 아시다시피 검찰의 항소 없이 집행유예 처분으로 끝났습니다. 왜 검찰이 항소하지 않았는지 지금도 궁금합니다. 대통령의 '종북몰이 가이드라인'에 충실히 따랐으리라 예상할 뿐입니다. 최순실 씨가 이 사건에도 개입했을까요? '종북몰이' 피해자의 한 사람으로서 꼭 이유를 알고 싶습니다.

검찰의 입장표명이 꼭 있기를 바랍니다.

* 〈오마이뉴스〉 (2015년 7월 29일)에 기고한 글을 곽성준 기자가 보완해서 실었다.

내게 폭발물 던진 고3, 그래도 용서하고자

이재봉 · 원광대학교 정치외교학, 평화학 교수, 평화연구소 소장

새해엔 폭력과 독재 대신 평화와 민주를 맞이하게 되길 기원합니다.

저는 지난해 12월 10일 전북 익산 신동성당에서 열린 '신은미 · 황선 통일토크콘서트'에서 고등학생 A군이 던진 폭발물에 의해 화상을 입었습니다. 제가 테러를 당하자 많은 분들이 걱정하며 격려해 주셔서 언젠가는 경과를 알려드려야겠다고 맘먹고 있었습니다.

마침 지난해 마지막 날 밤 A군으로부터 편지를 받았습니다. 그는 초등학생 때부터 사회 문제에 관심을 갖게 되었고, 보수 지향적이 되었다는 사연을 곁들이며, 저를 포함한 피해자들에게 사과했습니다. 2주 전에 제가 면회하면서 던진 질문에 대한 보충 답변이지요. 여러분의 고견을 구할 겸 새해 인사 삼아 그동안 있었던 일을 적어 봅니다.

테러 피해의 실상

말씀드린 대로 저는 지난 12월 10일 신은미 · 황선 통일토크콘서트에

서 폭발물에 화상을 입었습니다. 유일한 피해자도 아니고 가장 큰 부상자도 아니지만, 언론에 의해 가장 널리 알려진 피해자가 되었지요.

아래위 옷뿐만 아니라 머리카락에 불이 붙고 양쪽 신발에까지 구멍이 뚫릴 정도였습니다. 다행히 얼굴과 무릎의 상처는 이제 거의 아물었고 손목에서도 며칠 전부터 새살이 돋아나고 있습니다. 큰 통증은 없지만 목욕이나 샤워는커녕 세수조차 제대로 하지 못하는 게 몹시 불편하군요. 이틀에 한 번 꼴로 병원에 가며 귀중한 시간과 돈을 허비해야 하는 것은 더욱 괴롭고요.

가장 크게 신체적 피해를 입은 사람은 서울에서 내려온 행사 진행자였습니다. 테러범이 폭발물질이 든 그릇에 불을 붙여 무대 앞으로 나아가는 것을 발견하고 내려치느라 특히 얼굴을 크게 다쳤습니다. 신은미 씨와 황선 씨에겐 생명의 은인인 셈인데, 시간이 지나도 얼굴 일부는 완전히 복구되기 어려울 것 같다는군요. 성당을 빌리도록 주선해준 한 원로신부는 불편한 몸으로 빨리 피신하지 못해 유독가스를 많이 들이켜 한동안 호흡 곤란을 겪었고요.

신체적으로 해를 입은 사람은 저를 포함해 이렇게 셋입니다. 셋이 앉은 자리가 각각 떨어져 있었는데도 직간접적으로 행사를 주관한 사람들만 골라 다쳤으니 불행 중 천만다행이지요. 물론 그 자리에 참석한 2백여 명 모두 얼마나 큰 심리적 충격을 받았겠습니까만, 일반 청중 가운데 신체적으로 다친 사람은 없으니 그야말로 하느님이 보우하사 그렇게 되었다고 생각합니다.

이날은 행사 이틀 전 제가 〈오마이뉴스〉에 올린 글을 보고 서울에서 내려왔다는 사람도 있었습니다. 적지 않은 시간과 경비를 들여 참석했던 사람들의 피해를 일일이 따질 수는 없는 노릇이긴 합니다. (관련 기사: '신은미 씨 옵니다… 뉴라이트와 탈북자 분들도 오세요', 〈오마이뉴스〉, 2014년 12월 8일)

테러범과의 면회 및 부모와의 만남

이틀 뒤 폭발물을 던진 A군과 대화를 나누고 싶어 익산경찰서에 10여 차례 전화를 걸었습니다. 하지만 통화가 되지 않아 면회를 포기했는데, 그날 저녁 A군의 부모가 제집으로 찾아왔습니다. 부모는 제 치료비를 부담하겠다고 했습니다. 저는 그 부모에게 대충 다음과 같이 말했습니다.

"다친 사람들에게 필요한 것은 진정한 반성과 사과이지 돈이 아닙니다. 진보적 사회운동을 하는 사람들은 권력도 금력도 완력도 없지만, 극우세력이나 폭력을 옹호 지지하는 사람들보다 더 많이 확실하게 지니고 있는 게 있습니다. 도덕성과 양심이지요. 치료비를 조건으로 합의를 추진하지 마세요."

일주일 뒤 익산경찰서 유치장에서 테러범 A군을 만났습니다. 앳된 모습의 조그만 체구가 고3 같지도 않더군요. 얼굴과 팔다리에 화상을 입은 직후 응급실에 실려가 병상에 누워 있을 때 테러범이 '1996년생'이라는 메시지를 받았을 때 도저히 믿을 수 없었습니다. 주위에서는 "탈북자인가 보다"했지만, 저는 잘못된 정보라 생각하고 무시했습니다.

그렇게 응급치료를 받고 병원을 나서는 길에 테러범이 고교 3년생이라는 소식을 접했습니다. 세상에, 이럴 수가! 1996년생 18세 고등학생이 정치 테러를…, 너무 충격적이었습니다. 성당 앞에서 방해 시위를 하던 60~70대 어르신들에게 당했으면 그러려니 하겠는데 말이죠.

익산경찰서 면회실의 두꺼운 유리벽 건너편 학생에게 먼저 다음과 같이 말을 건넸습니다.

"자네 참 대단하군. 요즘 대학생들조차 진학이나 취업 때문에 사회 문제에 관심을 갖지 않거나 못하는데, 고등학생이 사회 문제에 그렇게 큰 관심을 갖다니 말이야. 자네나 나나 우리 사회를 좀 더 살기 좋게 만들어보자는 목표는 비슷하겠네. 그러나 방법이 크게 다르군. 난 비폭력적 방법으로 사회 변화를 추구하는데 자네는 폭력으로 사회를 바꾸려 하니까."

"사회의 부정과 비리에 대처하는 가장 훌륭한 길은 비폭력 저항일세. 두 번째 좋은 방법은 폭력으로라도 맞서는 것이고. 세 번째는 사회가 어떻게 돌아가든 저항하지 않거나 못하는 것일세. 무관심하거나 무지해서 저항하지 않는 것일 수도 있고, 용기가 부족하거나 비굴해서 저항하지 못하는 것일 수도 있지. 자네는 세 번째 부류의 젊은이들보다 훨씬 낫다는 뜻일세. 그런데 내가 추구하는 비폭력 방법과 자네가 저지른 폭력적 방법 가운데 어느 쪽이 더 바람직한지 앞으로 차분하게 잘 생각해보게."

저는 20여 년 전 미국의 대학원에서 평화학과 비폭력정치학을 배우면서부터 모든 종류의 폭력을 거부해 왔습니다. 연년생 두 아들을 키우면서 가벼운 손찌검이라도 한 번 해본 적 없지요. 그러기에 행사 당일 두어 시간 전부터 성당 입구에 이른바 '애국' 어르신들이 모이기 시작한다는 얘기를 전해 듣고 카톡과 페북 등을 통해 급히 메시지를 보냈습니다. 어르신들이 어떠한 시비를 걸더라도 대응하지 말라고요. 혹시 때리면 그냥 맞고 들어가라고 부탁했습니다.

A군에게 언제부터 북한이나 통일 문제에 관심을 가졌는지 물었습니다. 중학교 2학년 때 교회에서 탈북자 선교사의 강연을 듣고 나서부터라고 하더군요. 교회에서 사랑이 아니라 증오를 배운 셈이랄까요? 크게 나무랐습니다.

"이 사람아, 예수님의 가장 큰 가르침 가운데 하나가 원수도 사랑하라는 것 아닌가. 그런데 교회 다닌다는 사람이 그렇게 끔찍한 폭력을 저질러?"

사실 테러 직후 실려 간 응급실에서 테러범이 18세 고3이라는 말을 듣고 가장 먼저 떠올린 사람은 손양원 목사였습니다. 1948년 여수·순천 지역에서 일어난 '항쟁' 또는 '반란' 과정에서 자신의 고등학생 아들 둘을 때려죽인 좌파 청년이 사형에 처해지기 직전 구출해 양아들로 삼아 목사로 키운 분이죠.

20여 년 전 손양원 목사의 딸이자 죽은 두 아들의 누나가 쓴 수기를 읽고, "이 분이 과연 인간일까?" 하는 경외심을 품게 되었습니다. 그리고 A군을 만나면서 바로 그분이 생각났습니다. 그때 좌파 청년이 우파에게 저지른 살인 행위를 용서하고 그 살인범을 자신의 아들로 삼은 목회자의 정신을 조금이나마 흉내내어, 우파 청년이 저지른 테러를 용서하면서 제 학생으로 삼아보는 게 어떨까 하는 발상을 품은 것이지요. 겨우 2도 화상을 입은 제 자신과 두 아들을 한꺼번에 잃은 아버지를 비교한다는 자체가 말도 안 되는 일이긴 합니다만.

그래서 그 학생을 만나기 전 제집을 찾아온 부모에게 위 사연을 들려주며 다음과 같이 말했습니다.

"요즘 '애국'한다는 사람들은 아드님의 테러를 옹호하고 지지하며 '지사'나 '열사' 칭호를 붙인다는군요. 경찰서 앞에 백여 명씩 모여 '석방'과 '불구속 수사'를 외치고, 모금운동을 전개하며, 앞으로 해외유학까지 시켜줄 계획이라는 소문도 들립니다. 그러면 아드님이 지금은 테러 초년생으로 폭발물질을 던졌지만 다음엔 테러 왕초가 되어 기관총까지 쏘아댈 수 있지 않겠어요? 저는 아드님에게 그런 물질적 지원은 조금도 하지 못하겠지만 아드님을 포용해 진보 쪽으로든 보수 쪽으로든 비폭력 운동가로 이끌어보고 싶습니다."

부모가 동의하더군요.

종편방송 왜곡보도의 폐해

그 학생에게 두 번째 질문을 던졌습니다.

"자네가 죽이고자 했던 신은미 씨가 쓴 책을 단 한 페이지라도 읽어보거나 그녀가 이전에 한 강연을 단 한 대목이라도 직접 들어본 적이 있는가?"

"죽이려고 했던 건 아니에요."

"인터넷 게시판에 미리 알리지 않았는가. '신은미가 폭사 당했다고 들리면 난 줄 알아라'고 말이야. 아무튼 신은미 씨를 어떻게 알았는가?"

"TV 뉴스를 보고 알았어요."

테러범 A군도 종편방송 왜곡보도의 희생자였습니다. 그 학생뿐만 아니라 신은미 씨의 강연을 반대하거나 방해한 사람들 가운데 그녀의 글 한 쪽이라도 직접 읽거나 강연 한 대목이라도 제대로 들어본 사람이 얼마나 될까요? "북한을 지상낙원으로" 묘사했다는 종편방송의 악의적 왜곡보도에 온 사회가 휘둘린 것이지요.

저는 지난 6월 이석기 통합진보당 의원의 항소심에서 전문가 증언을 한 것과 관련해 극우언론의 왜곡과 그에 기초한 새누리당 국회의원의 비난을 생생하게 겪어본 터라 그 왜곡을 바로잡고자 〈프레시안〉에 '이재봉의 법정증언'이라는 칼럼을 연재한 적이 있습니다. 그리고 저와 비슷하게 왜곡 및 비방을 당한 신은미 씨가 계획된 강연을 포기하고 미국으로 돌아가려고 할 때 자신이 '종북'이라는 것을 인정하는 셈 아니냐며 말렸습니다. 종편방송을 비롯한 극우언론의 왜곡과 억지, 그리고 횡포에 굴복하지 말고 소신껏 강연하라고 부추긴 것이었지요.

이런 취지로 저는 신은미 씨를 익산으로 초청했습니다. 사회과학대학장 사표까지 내며 원광대에서의 행사를 추진한 이유이고요. 극우언론의 왜곡보도에 휘둘려 제대로 알지도 못하면서 생각과 시각이 다르다고 강연을 반대하고 방해하는 자체가 억지고 횡포라고 생각했기 때문입니다.

사실 그녀가 2012년 〈오마이뉴스〉에 '재미동포 아줌마 북한에 가다'라는 제목으로 매주 1~2회 연재하던 글은 매회 수십만 명이 읽었습니다. 그 연재를 엮어 2012년 12월 출판된 책은 베스트셀러가 되었고, 문화체육관광부의 '우수문학도서'로 선정되었습니다. 통일부는 그 책을 홍보하는 동영상 프로그램을 만들어 홈페이지에 올리기도 했고요. 2014년 4월 전국을 순회하며 강연을 펼칠 때는 조금이라도 문제가 되기는커녕 인기가 하늘로 치솟을 듯했습니다. 그리고 2014년 10월엔 한국기자협회, PD연합회, 전국언론노동조합이 공동으로 수여하는 '통일언론상 특별상'을 받았습니다.

진보 또는 '친북좌빨'로 불리는 김대중·노무현 정권에서 있었던 일이 아닙니다. 그 뒤의 이명박 정권에서 일어난 일도 아니고요. 바로 지금의 박근혜 정권에서 생긴 일입니다. 지난 4월 강연과 12월 강연의 내용은 비슷하거나 똑같습니다. 차이가 있다면 형식적으로 4월엔 혼자 했는데 12월엔 통합진보당과 관련된 황선 씨와 같이 했다는 점이요, 시기적으로 12월은 박근혜 정권이 어쩌면 최대 위기에 몰려 그 돌파구가 필요한 때였다는 점이지요.

세월호 참사를 통해 '기레기(기자+쓰레기)'라는 비아냥거림을 들어온 극우언론인들은 기득권을 지키기 위해 교묘하게 고의적으로 왜곡보도를 일삼아왔습니다. 대통령을 비롯한 보수 정치인들은 정권을 지키기 위해 극우언론의 왜곡보도를 활용해왔고요. 그런데 지식인들까지 이러한 왜곡보도에 놀아나는 것을 보면 참 안타깝습니다.

예를 들어, 익산에서 테러가 일어난 며칠 뒤 한 점잖은 종교인이 "웬 재미교포 극좌 성향의 여성이 종북콘서트를 한다고 온 나라를 시끄럽게 하였습니다"는 문장을 포함한 이메일을 보냈더군요. 거의 매일 수만 명을 상대로 이메일을 보내는 터라 책도 많이 읽고 글깨나 쓰는 어르신 같은데, '극좌'라는 말의 뜻도 모르고 신은미 씨의 글을 몇 줄이라도 읽어보지 않은 듯 함부로 글을 쓴 것이지요. 일부 지식인들마저 종편방송을 비롯한 극우언론의 왜곡보도를 진실로 보고 믿는 것일까요? 글쓰는 사람이라면 그것을 확인해볼 수 있는 의지와 능력을 겸비했을 텐데 말이죠. 그 학생에게 다음과 같은 말을 건네고 면회를 끝냈습니다.

"자네가 죽이려고 했거나 죽이고 싶도록 증오했던 신은미 씨를 늦게나마 제대로 알아보게. 자네가 원하고 자네 변호사나 부모님이 허락하신다면 다음에 그녀가 쓴 책 한 권 갖다 줄 테니 잘 읽어보게."

마침 그 학생이 2주 후 제게 보낸 편지엔 책 읽기를 좋아한다는 말이 나오는군요. 한 대목을 소개합니다.

> 제 취미는 독서입니다. 한 달 책값만 10만 원이 훌쩍 넘어갈 때도 있는데, 안 그래도 책 안 읽는 나라에서 도서정가제 하니까 좋을 리가 없지요. 그런데도 나라가 이 모양이니 저 모양이니 투덜대는 사람들에게 반응해서 '우리나라가 얼마나 살기 좋은 나라인데 왜 우리나라를 욕하느냐' 반문하면 (중략) 그 이전부터 제 주변에 제대로 된 사람을 끼고 살지 못해서 제 마음은 병들어 있던 건지도 모릅니다.

신은미 씨와 테러범의 처지

이렇듯 종편방송을 비롯한 극우언론의 왜곡과 횡포에 따른 폐해가 너무 큽니다. 온 사회가 '종북' 논란에 휩싸인 것도, 많은 사람들이 신은미 씨를 제대로 알지도 못하고 그녀의 강연을 반대하거나 방해한 것도, 고등학생이 그녀를 대상으로 정치 테러를 저지른 것도, 지식인조차 그녀를 '극좌'와 '종북'으로 매도한 것도 모두 종편방송의 교묘하고 악의적인 왜곡보도에서 비롯된 것들이죠.

그러기에 저는 그때 행사 진행자들이나 참석자들 일부가 '테러 피해자 모임'을 만드는 것엔 반대했습니다. 테러범도 왜곡보도의 피해자인데 그에게 무슨 손해배상을 요구하는 것은 적절하지 않다는 취지였습니다. 게다가 신은미 씨와 그 행사를 주관했던 사람들이 아무런 잘못이 없고 옳다고 하더라도, 역시 극우언론의 왜곡보도에 따라 그 행사가 테러에 의해서라도 중단된 게 고소하다고 생각하는 사람들이 적지 않을 테니까요.

신은미 씨는 1월 9일까지 세 번의 출국정지 기간 연장 속에서 세 번의 경찰 조사를 받았는데, 곧 강제로 출국당하거나 불구속 기소가 될 것 같습니다. 경찰이 그녀의 책 앞표지부터 뒤표지까지 아무리 샅샅이 살펴봐도 국가보안법 위반으로 잡아들일 내용이 없고, 강연 내용을 뒤져봐도 잘못이 없으며, 미국 내에서 지인들과 통화한 기록까지 털어도 시비를 걸 게 없으니, 출입국관리법 위반으로 처벌하려는 움직임도 있는 모양입니다. 관광비자로 입국해 강연하며 돈을 벌었다는 것이지요.

그래도 며칠 전엔 그녀가 글에서든 강연에서든 북한을 지상낙원으로 묘사한 적이 없다고 용기 있게 공표했습니다. 청와대와 새누리당의 지시를 받거나 눈치를 보며 무슨 꼬투리로라도 처벌해야 하는 경찰을 비난하기보다는 독재정권의 하수인으로 생고생하는 그들에게 동정을 보내야겠지요. 아무튼 그녀는 조카 결혼을 축하해주기 위해 고국을 방문했다가 결혼식 참석은커녕 가족들에게도 왕따 당한 채 피신해 있습니다. 미국에서 남편이 운영하는 사업체엔 요즘 온갖 비방과 협박 전화가 걸려와 직원들이 정상적으로 근무하기 어려울 정도랍니다. 종편방송의 왜곡보도가 초래한 결과가 이렇게 끔찍한 것이지요.

한편, 테러범을 용서하고 비폭력 운동가로 이끌고 싶다는 제 의견에 반대하는 분들이 적지 않습니다. 그를 용인하면 모방범죄가 잇따르기 쉽다고 우려하며 무거운 처벌을 받게 해야 한다고 주장하는 분들도 많습니다. 또한 저보다 훨씬 큰 화상을 입은 사람의 처지나 엄청난 충격을 받은 사람들의 심정도 헤아려야겠지요. 그렇지만 다음과 같은 점도 고려해야 합니다.

제가 선처를 호소하지 않더라도, 청와대와 극우언론은 그 학생이 처벌 받도록 가만 놔둘 것 같지 않습니다. 대통령이 테러에 대해서는 한마디 말도 없이 '종북' 콘서트라고 확고하게 단정해 버렸잖아요. 게다가 새누리당의 한 의원은 그 학생을 '우국청년'으로 치켜세웠습니다. '애국' 단체들에서는 최고의 변호사를 선임하기 위해 상당한 돈을 모아놨다고 하고요. 경찰이 그 학생을 위로하며 봐주기 조사를 했다는 주장도 나옵니다. 담당 검찰 역시 합의와 선처 호소를 바라는 모양이고요.

용서의 두 가지 조건

물론 제가 선처를 호소하거나 용서하는 데는 최소한 두 가지 조건이 필요합니다. 첫째는 재판 과정을 통해 테러에 대한 진상이 제대로 밝혀져야 합니다. 무슨 일에서든 진실이 밝혀지지 않고는 진정한 용서와 화해가 이루어지기 어렵기 때문이지요.

둘째는 사법부라도 독재를 견제하며 폭력을 옹호하고 지지하는 사회 분위기를 막아야 합니다. 온 세상 사람들이 민족과 국경을 초월해 평등하게 살면서 능력껏 일하고 필요한 만큼 분배받는다는 공산주의의 이상과 목표가 바람직하더라도, 공산주의를 반대해야 하는 가장 큰 이유가 폭력과 독재를 정당화하거나 미화하기 때문 아닌가요.

'통일 대박'을 외치고 평화통일을 바란다면서도 북한을 증오하도록 이끄는 것은 위선이요, 반공을 국시로 삼듯 하면서도 다양성을 부인하고 독재와 폭력을 정당화하는 공산주의를 닮아가는 것은 모순이지요. 이런 상황에서 테러범을 어찌해야 할까요?

여러분의 고견을 기대하며 새해 인사를 마칩니다.

감사하며 이재봉 드림.

〈오마이뉴스〉, (2015년 1월 3일)

05

인터뷰
재미동포 아줌마 신은미

재미동포 아줌마 신은미 인터뷰

식량 40톤 싣고 북 수해 현장 갑니다

문경환 · NK투데이 기자

국보법은 문제없다면서 강제출국 결정한 법원

한국 정부에 의해 강제출국 된 지 벌써 2년 가까이 되었습니다. 그간 어떻게 지냈나요? 통일토크콘서트 과정에서 폭탄 테러로 큰 충격을 받았을 텐데 건강은 괜찮은가요?

벌써 시간이 그렇게 흘렀네요. 잘 지내고 있습니다. 무엇보다도 좋은 일은 남편도 그 일로 인해 완전히 은퇴했다는 사실입니다. 지금은 온천, 와이너리, 골프코스, 카지노 등이 있는 휴양도시로 이사해서 은퇴생활을 만끽하고 있습니다.

2014년 겨울 한국에서 있었던 '종북몰이'의 후유증 때문에 앓았던 왼팔의 마비상태도 완전히 회복했습니다. 한의사이신 한 페친이 보내주신

한약, 그리고 북한에서의 수기치료(지압) 덕분에 지금은 아무 불편 없이 생활하고 있습니다.

함께 통일토크콘서트를 진행했던 황선 씨는 2016년 2월 15일 1심 재판 결과 50여 가지 혐의 가운데 콘서트 관련 부분은 모두 무죄를 받았습니다. 다만 콘서트와 관련 없는 시낭송, 그것도 2010년 남북공동선언실천연대 신년행사에서 읊은 〈참회〉, 〈평양으로 가자〉, 〈이 사람〉이라는 시 세 편을 문제삼아 유죄를 선고했습니다. 어떻게 생각하는지요?

황선 씨의 재판 결과 소식도 인터넷을 통해 들었습니다. 당연히 무죄이지요. 50가지 혐의 가운데 시를 낭송한 부분 단 하나가 유죄 판결을 받았는데 이마저도 저는 전혀 이해할 수가 없습니다. 시 한 수 읊어 죄가 되다니….

한국 정부는 강제퇴거명령(강제출국)을 내렸고 5년 동안 입국을 금지했습니다. 이에 대한 취소 소송도 진행한 것으로 알고 있는데 결과가 어떤가요?

저의 강제출국 및 입국금지에 대한 행정소송 재판 결과에 대해서도 인터넷 뉴스, 언론사 기자들 그리고 무료 변론을 해 주시는 변호사와의 전자 우편 대화로 소식을 들었습니다.

공판 때 판사가 '통일콘서트 문제로 기소된 황선 씨의 재판 결과에 따라 이 행정소송의 결론이 달라질 수 있으니 기다려 보자'고 했고, 또 그 이후 황선 씨의 재판에서 내가 관련된 통일콘서트 부분이 무죄로 판결이 내려졌으므로 저에 대한 '강제추방 및 입국금지'의 원인이 사라졌다고 생각해 당연히 무효 소송이 받아지리라고 믿고 있었습니다. 그런데 기각이라니 어떻게 사법부가 이렇게 모순된 판결을 내리는지 도저히 이해할 수가 없네요.

처음에 문제 삼은 국가보안법은 문제가 없다면서도 강제출국을 판결한 근거는 무엇입니까?

판결문 중 "국가보안법은 문제가 없지만 원고가 사회갈등을 야기했다"는 부분을 봤습니다. 사회 갈등은 허위보도와 종북몰이를 한 주체가 야기했지 어떻게 제가 했다는 건지, 제가 추방된 이유가 "국가보안법을 위반함으로서 사회의 안녕을 저해한다"라고 했는데, 판결은 "국가보안법은 문제가 없는 데 강제출국 및 입국금지 조치는 타당하다"라니 그저 어안이 벙벙할 따름입니다. 우스갯소리로 '술은 마시지 않았지만 음주운전은 맞다'는 말같이 들렸습니다.

그리고 판결문 중 "미국에 생활의 기반이 마련돼 있는 상태이고, SNS와 출판물 등으로 본인의 의견을 표현할 수 있는 다양한 방법이 열려 있다"고 했는데 그 말이 무슨 뜻인지도 전혀 모르겠습니다. 즉, "본국과 연락할 방법이 있으니 입국을 금지해도 된다"는 말인지, 이게 인권을 존중한다는 나라인지, 그리고 한 해외동포 아줌마의 북한 여행담이 나라의 안위를 위태롭게 할 정도로 한국은 허약한 나라인지….

미국 캘리포니아의 이웃들과 한국의 국가보안법과 표현의 자유에 대해 얘기를 나누며. (2016년 8월)

미국에도 여러 미국인 친구들이 있을 텐데 이 사건을 얼마나 알고 있던가요? 이 사건 이야기를 했을 때 어떤 반응을 보였나요?

제가 강제출국을 당할 당시 〈뉴욕타임스〉, 〈월스트릿저널〉 등 미국의 주요 언론사들이 기사를 다뤄 사건을 알고 있는 사람이 있었습니다. 모두들 어이없어 했지요. 얼마 전 새로 이사 온 동네의 이웃들을 초대해 저녁식사를 함께 했습니다. 술을 마시다 세계 여러 나라의 맥주 얘기가 나왔지요. 한국에 가서 "북한의 '대동강맥주'가 맛있다"고 말했다가 국가보안법 위반으로 수사를 받고 급기야 강제추방을 당했다고 말하니 배를 움켜쥐고 웃었습니다. 모두들 농담인 줄 알았던 거지요. 인터넷에서 〈뉴욕타임스〉의 관련 기사를 찾아 보여주니 기겁을 하더군요. 말해놓고 보니 누워서 침 뱉었다는 생각이 들어 얼굴이 화끈거렸습니다. 내 조국이라서.

미국에도 민족의 화해와 평화통일을 바라는 재미동포가 많은 것으로 알고 있습니다. 북한의 현실을 정확히 알리고자 하는 이들이 이번 사건으로 인해 위축되지 않았는지 우려됩니다. 어떻습니까?

민족의 화해와 평화통일을 바라는 재미동포들이 많습니다. 오히려 이번 사건으로 인해 통일운동을 더 열심히 하게 됐다고 말씀하시는 분들이 많이 계십니다. 통일에 관심이 없는 분들도 일부러 제 기행문을 책이나 〈오마이뉴스〉 연재를 통해 읽는 등 민족문제에 관심을 갖게 됐다고 말하곤 합니다. 물론 개중에는 한국 언론의 허위보도에 오도되어 비난을 하는 분들도 계시지만.

북한여행을 다녀온 다른 해외동포들을 만나본 적이 있나요? 그들의 방북 소감도 들어보았나요?

수십 년 전부터 해외동포들이 북한을 여행했지만 대부분 이를 숨기거나 아니면 겉으로 드러내길 꺼려했지요. 사회 분위기가 그랬으니까요. 제가 여행기를 쓰니 이를 읽는 분들 중 그제야 "사실은 나도 다녀왔다"고 하시는 분들이 간혹 계시더군요. 그분들 모두 이구동성으로 "신 선생의 여행기 속에는 바로 내가 하고 싶은 말들이 모두 들어있다"고 말하 곤 합니다.

얼마 전 오랜만에 교회에 갔었습니다. 이사를 한 관계로 집부터 교회까지는 무려 왕복 190마일(약 304킬로미터)이나 된답니다. 교회에서는 새로 오신 한 재미동포 여성분의 방북사진전이 열리고 있었습니다. 2013년 여름, "대체 북한 사람들은 어떤 사람들인가 확인해 보자"고 간 여행에서 "우리와 똑같은 동포들이 살고 있는 모습에 충격을 받았다"고 하더군요. 저의 첫 북한여행이 생각나 미소가 지어졌어요. 눈시울을 붉히며 방북소감을 이야기하는 그분은 3년이 지난 이제야 사진전을 열었는데 왜 이렇게 늦어졌을까요. 아마 이제는 밝혀도 좋다는 생각이 들었거나 결심이 선 것이겠지요. 사진 속에는 그분이 북에서 받은 감동과 민족을 사랑하는 그분의 아름다운 마음이 고스란히 담겨져 있었습니다.

한국에서 종북몰이 고초 겪은 게 2년 가까이 지났습니다. 지금 돌이켜보면 어떤 생각이 드시는지요? 사건의 배경이나 원인은 어디에 있었을까요?

그때 겪은 사건의 배경이나 원인을 저는 지금도 전혀 모르겠어요. 주위 사람들은 제게 당시 문제가 되었던 청와대 정윤회 스캔들, 통합진보당 해산 등을 희석시키기 위한 '공작'이라고 귀띔을 해줬지만, 설마 저 같이 하찮은 해외동포 아줌마를 그 대상으로 삼았을까요. 하여튼 저는 지금도 그 광적인 허위보도와 종북몰이의 이유를 모르겠습니다.

허위보도와 종북몰이가 시작되고 얼마 되지 않아 박 대통령은 청와대

사진전을 연 오순선 교우와 로스앤젤레스 평화의 교회 김기대 담임목사(오른쪽).

회의에서 통일콘서트를 '종북콘서트'라고 불렀어요. 박 대통령의 이 말
은 일종의 '가이드라인'이 되어 검찰과 경찰이 수사에 착수했고, 저는
출국금지를 당한 채 네 차례에 걸쳐 무려 50여 시간에 달하는 검·경의
조사를 받아야만 했죠. 저는 왜 제가 이러한 조사를 받아야 하는지 전혀
알 수가 없어요. 심지어 나를 심문하는 경찰 수사관은 내 눈도 똑바로
쳐다보지 못하고 질문할 때도 있었습니다. 또 담당 검사는 "내 위에 총
장 있고 그 위에 또 있습니다"라고 말하면서 내게 '어서 대충 끝내고 미
국으로 돌아가라'는 뜻을 전하기도 했지요. 그리고 "신 선생님, 세상을
살다보면 자기의 의도와는 달리 왜곡되는 일도 많이 있습니다. 지금이
그런 상황이니 모국에서 있었던 일은 훌훌 털어버리고 미국으로 돌아가

십시오."라고 위로의 말을 건네기도 했습니다. 이점은 지금도 고맙게 생각하고 있어요.

총장 위면 장관이나 대통령이 지시했다는 말인가요?

'종북콘서트'와 관련해 구속 수사를 받은 황선 씨가 페북에 자신을 구속기소한 수사기관의 담당자가 했다는 말을 올렸는데, 그 글을 읽고 참으로 기가 막히더라고요. 수사관은 "나도 이 일이 이렇게까지 될 사안은 아니라고 생각한다. 그러나 청와대와 황 장관의 생각이 그런 걸 어쩌겠는가."라고 말했다 합니다. 저를 조사하던 검사님도 비슷한 말을 했습니다. "내 위에 총장있고 그 위에 또 있습니다."라고.

형식적으로는 보수단체의 고발로 수사를 시작했지만 모든 것이 청와대의 '지시'였단 말인가요? 당시 저의 강연장마다 '어버이연합'의 시위가 있었습니다. 그런데 이런 '관제데모'를 청와대가 지시하고 재벌이 자금 지원했다는 뉴스를 들었습니다. 정말 한심한 노릇입니다. 중요한 국사가 한둘이 아닐 텐데 청와대에서 이런 일이나 지시하다니, 요즘 드러나고 있는 최순실 관련 스캔들과 무관하지 않다는 생각입니다.

한국은 자유민주주의 국가가 아닙니다

모국에서 험한 일을 당하고 나서 한국의 민주주의 실태에 대한 생각도 많이 바뀌었으리라 여겨집니다.

고국을 그리며 해외에 살고 있는 동포들은 누구나 조국을 사랑하며 자랑스럽게 생각합니다. 특히 한국이 이룩한 경이로운 경제발전을 보며 해외동포들은 뿌듯한 자부심을 느낍니다. 그러나 저는 경제발전보다 김대중, 노무현 시절 이룩한 민주화를 더 자랑스럽게 여기고 있었습니다.

그러나 2014년 겨울 광적인 '종북몰이'를 경험하고 제 생각은 바뀌었습니다. 근면하고 성실하고 기술이 뛰어난 한국 근로자들 덕분에 경제발전은 이룩했으나 정치적으로는 동남아 국가들보다도 못한 후진국으로 전락해 버린 것이죠. 게다가 작금의 언론을 보세요. 주요 언론사가 정부기관지 수준으로 전락해 버리지 않았습니까. 그냥 한마디로 요약하겠습니다. 한국은 자유민주주의 국가가 아닙니다.

그래서 그런지 강제출국 후 페이스북을 통해 한국 사회의 여러 문제들에 적극적으로 목소리를 내고 있습니다.

제가 2014년 겨울 경험한 '종북몰이'는 저로 하여금 제가 떠나온 한국을 다시 생각해 보게 했습니다. 그리고 한국사회에서 일어나는 많은 사건의 근본 원인이 분단에 있다는 것을 알았습니다.

세월호에서 보다시피 국가의 무능으로 자식을 잃고 울부짖는 부모도 종북이요, 쌀값을 올려달라고 애원하는 농부도 종북이요, 박 대통령에게 가장 많은 표를 준 성주 시민들도 사드에 반대하면 종북이요, 임금인상과 안정적인 직장을 요구하며 싸우는 노동자도 종북이요, 학생들에게 올바른 역사의식을 가르치려는 교사도 종북이요, 정부의 정책에 반대하는 야당의원도 종북이요, 북한의 강물이 깨끗하고 대동강맥주가 맛있다고 말하는 해외동포도 종북입니다. 조국의 평화통일을 염원하는 저는 이렇듯 한국에서 일어나는 많은 문제들이 분단과 관련이 있다고 믿어요. 그러니 이를 해결하는데 자그마한 일이라도 하자는 마음에 목소리를 내게 되는 거지요.

여종업원 집단 탈북의 의혹

지난 4월 총선 직전에 집단으로 입국한 북한 해외식당 종업원 문제로 시끄럽습니다. 정부는 정상적인 탈북이라고 하지만 여러 의혹이 있는 것도 사실이고요.

상식적으로 이해하기 어려운 점이 많은 사건입니다. 정세현 전 통일부 장관도 언급했듯이 이번 북한 종업원 집단 입국은 국가기관의 개입 없이는 불가능한 일이라는 데 공감합니다. 또 최근 〈한겨레〉는 이들의 비행기 표 비용을 한국 정부기관이 주었다고 보도를 한 바 있습니다.

게다가 한국정부는 그들에 대한 민변, 그리고 유엔 인권위원회의 접견을 불허하는 등 정부 스스로 의심을 자초하고 있습니다. 박근혜 정부가 정말 당당하고 떳떳하다면 왜 접견을 불허할까요? 오히려 적극적으로 접견을 주선해야 하는 것 아닌가요?

평양에 있는 북한 식당 종업원의 가족. 민변 등의 인권단체는 북한 여종업원 집단탈북에 여러 의혹이 있다고 주장한다. ⓒ 민족통신

민변의 접견 요청에 대해 정부는 "그들의 신원이 밝혀지면 북에 있는 가족들에게 불이익을 초래한다"며 거절을 하기도 했습니다.

그들의 입국과 동시에 사진을 공개하고 그들이 일하던 식당을 발표함으로서 그들의 신원이 밝혀지게끔 한 것은 한국정부 아니었나요? 그리고 북에 있는 가족들이 민변 변호사에게 위임장까지 보냈지만 한국 정부는 접견을 불허하였고, 심지어는 유엔 인권위원회의 접견요청마저 끝내 거부했습니다. 여러 정황은 그들이 기획 입국됐다는 생각을 저버리기 어렵게 하고 있어요. 어서 빨리 그들에게 자유의사를 밝힐 수 있도록 기회를 제공해야 한다고 생각합니다.

북한 식당 종업원들이 한국에 온지 7개월이 넘게 지났습니다. 그들은 하나원에서 나온 뒤에도 아직도 사회와 격리되어 어디서 지내는지 아무도 모르고 있습니다. 북에 있는 부모들의 마음고생이 이만저만이 아닐 것 같습니다.

　북한에 있는 가족 중에는 병원에 앓아누운 분도 있다고 합니다. 생사
조차 확인할 수 없는 상황이니 얼마나 마음고생이 크겠습니까. 만약 그
들이 타의에 의해 한국에 왔다면 그들을 하루속히 사랑하는 가족의 품
으로 돌려보내야 합니다.

　탈북자들을 국내로 들여오고 북한인권 문제를 국제사회에 고발하는
시민단체인 '북한인권 제3의길'마저 "중국 북한식당 종업원들의 국내입
국은 기획탈북의 정황이 상당하다"며 "박근혜 대통령이 국가적 반인류
범죄를 방치하고 있다"고 주장하고 나섰습니다. 이 단체는 "박근혜 대통
령을 국제법원에 탄핵 청원하는 준비를 하고 있다"고 밝혔습니다. 만일
이들이 자유의사에 반해 한국으로 왔다면 이는 엄청난 국제범죄입니다.
이는 국가에 의한 납치이자 테러인 셈이죠. 정부는 어서 이들의 거주지
를 공개하고, 민변과의 면담을 주선해 세간의 의혹을 해소하기 바랍니다.

북한 보다 먼저 붕괴한 박근혜 정권

한국에서는 여전히 '북한붕괴론'이 넘쳐나고 있습니다. 1990년대 중후반 경제가
무너졌던 '고난의 행군' 때도 붕괴하지 않은 북한이 이제 와서 무너진다는 건 합리
적이지 않은 생각이라는 반론도 있습니다.

제가 북한에 대해 불가사의하다고 생각하는 이유가 몇 가지 있는데 그 중 하나가 소위 '고난의 행군'입니다. 엄청난 숫자의 사람들이 아사를 했는데도 나라가 붕괴되지 않고 존립하고 있다는 사실입니다.

요즘 유럽에 주재하고 있던 한 북한 외교관이 망명을 했다고 해서 또다시 북한붕괴론이 고개를 들고 있습니다. 그러나 외교관 한 사람이 망명을 했다고 해서 그 나라가 붕괴하지는 않습니다. 주체사상을 집대성했다는 황장엽 북한 노동당 비서가 탈북을 해도 북한은 붕괴하지 않았습니다. 최덕신 전 외무부 장관, 최홍희 전 육군 소장, 임창영 전 유엔주재 한국 대사, 김형욱 전 중앙정보부장 등이 북한, 캐나다, 미국 등지로 망명을 하고 월북을 해도 한국은 붕괴하지 않았잖아요.

얼마 전 한국의 한 언론은 "탈영한 북한 병사들이 국경을 넘어 중국군과 교전을 했다"고 보도했으며, 이에 중국 국방부 대변인은 "완전한 조작"이라며 이를 부인했습니다. 누가 이런 허위 날조를 하고 보도하게 하는지 의문입니다. 게다가 이번에는 스케일을 더 크게 잡아 "북한은 곧 붕괴할 것"이라는 보도를 내보내고 있습니다. 수십 년 동안 되풀이 해온 '북한 붕괴설'을 믿을 사람도 별로 없겠지만요. 그리고 우습게도 북한붕괴론 주장한 박근혜 정권이야말로 붕괴의 위기에 직면해 있고요.

북한을 방문해 직접 느껴본 소감은 어떠한지요?

저도 지난 4년간 여덟 차례 북한을 여행하는 동안 '과연 북한은 붕괴할 것인가' 관찰해 보았습니다. 물론 관광객이 겉으로 보고 이를 판단하는 것은 무리지만 나름 제 생각을 정리했습니다. 저의 두 번째 북한여행기 《재미동포 아줌마, 또 북한에 가다》(2015)에서 저는 '북한의 붕괴'에 대해 다음과 같이 썼습니다.

나는 첫 북한여행 이후 통일과 관련된 글들을 찾아 읽기 시작했다. 전공인 음악에 관한 책을 놓은 지도 꽤 오래인 내가 통일과 관련된 글을 읽는다는 것은 대단한 각오를 요구했다. 그런데 이게 웬일인가. 남북관계, 북미관계, 새터민 등 단어만 떠올려도 머리가 아프고 졸음부터 올 것이라 생각했던 통일 관련 글들은 매우 흥미로웠다. 전혀 지루하지 않았다. 역시 관심이 있으니 흥미가 생기나 보다.

나는 내 나름대로 '왜 남북관계는 정권에 따라 영향을 받으며, 북미 평화협정은 왜 체결되지 않는지'에 대한 이유를 생각해 보기도 했다. 남한의 보수 정권과 미국의 대북정책에는 공통점이 있어 보인다. 그것은 '북한은 곧 붕괴한다'는 가정 아래 그들의 정책이 수립됐다는 점이다. 그간 나는 북미관계에 있어서 북한이 항상 약속을 지키지 않았다고 들어왔다. 그러나 사실 그렇지만도 않다는 걸 알게 됐다. 빌 클린턴 전 대통령은 "북한이 지키지 않은 것은 하나도 없었다"고 말했으며, 심지어 부시 행정부의 콘돌리자 라이스 전 국무장관은 "미국은 마치 축구 경기 도중 불리해지자 골대의 위치를 바꾼 격"이었다고 회상하기도 했다. 어디 그뿐인가. 최근까지 오바마 행정부에서 일했던 제프리 베이더는 "한마디로 전략적 인내라는 미국의 대북정책은 곧 북한이 붕괴할 때를 기다리며 지연작전을 펴는 것이었다"고 그의 저서 《Obama and China's Rise(오바마와 중국의 부상)》에서 고백하고 있다. 그러니 북한의 붕괴가 가시화되지 않을 경우, 미국은 이런저런 핑계를 대며 여러 가지 약속을 지킬 수 없었던 모양이다. 어찌 됐든 미국 입장에서는 정책의 실패를 맛봤다고 할 수 있다. 그들의 정책 목표인 '북한의 비핵화'는커녕 북한은 핵무장을 하고 말았으니 말이다.

남한의 보수정권 역시 '북한 지원을 끊으면 그들은 몇 년 안에 붕괴할 것'이라고 생각하는 것 같다. 동시에 북한의 개방도 요구한다. 그러나 실제로 북한이 개방 정책을 펴 잘사는 나라가 되면 좋겠다는 바람보다는 개방으로 인한 북한의 체제변화 혹은 붕괴에 그 목적이 있는 것 아닌가 생각된다. 그러므로 북한에서 체제변화나 붕괴의 조짐이 없다면, '북한 정권의 붕괴'라는 가정 아래서 생겨난 정책은 실패할 수밖에 없을 것이다.

북한 사회에 관한 수많은 연구들 또한 객관적인 판단을 힘들게 한다. 대개 새터민들의 말에 많이 의존하기 때문이다. 물론 새터민들이 남한에 와 내놓은 증언 중 북한에서의 궁핍한 생활이나 고난에 대한 증언은 상당수가 사실일 것이다. 나 역시 북한을 여행하는 도중, 그들의 가난을 수차례 봐왔다. 하지만, 일부 새터민들의 증언이 북한 사회 전체를 그대로 보여준다고 생각하지 않는다. 2012년 5월, 라진-선봉을 여행하던 중 한 북한 주민과 나눴던 대화가 떠오른다. "북에서 느낀 건데, 평양과 지방의 격차가 너무 심한 것 같아요. 생활수준도 차이가 나는 것 같고…." 그러자 그의 대답은 뜻밖이었다. "지방이 어떻게 평양과 같을 수가 있습니까. 그리고 수도의 시민은 그렇게 살 자격이 있습니다."

우연히 만난 이 북한 주민이 진심에서 우러나와 그런 말을 한 것인지, (보통 남한 사람들이 생각하듯) '누가 물으면 이렇게 대답하라'는 교육을 받고 그런 말을 한 것인지 알 도리는 없다. 하지만, 만일 이 주민의 말이 진실이었다면 '과연 이런 사회가 생각처럼 쉽게 무너질 수 있을까' 한 번 생각해 봐야 할 것이다.

언론들은 1990년대 중반, '고난의 행군' 시기에 수백만의 북한 주민들이 기아로 목숨을 잃었다고 보도한다. 그런데 북한은 붕괴했는가? 북한은 여전히 건재하며 붕괴할 기미는 지금까지도 보이지 않는다. 당시 수백만의 인명 피해를 고려해 볼 때 현재 남한에 살고 있는 새터민 수 2만5천 명은 아무것도 아니다. 내가 살고 있는 미국에서 수백만 명의 아사자가 발생했다면 아마도 수천만 명이 캐나다나 멕시코로 '탈미'할 것이다. 수백만 명이 목숨을 잃고도 북한은 붕괴하지 않았다. 그렇다면 우리는 그 사회가 어떤 사회인지 냉정하게 생각해보고 연구해야 한다. 그리고 그런 연구를 통해 정책이 나와야 한다.

관광객 신분으로 북한을 본 내가 그 사회를 이렇다 저렇다 판단한다는 것은 불가능하다. 그렇지만, 내가 경험한 북한은 아무리 가난에 허덕이고 있다고 해도 결코 일순간 와르르 붕괴될 것 같지는 않다. 한 사회가 붕괴될 때에는 사회 구성원들 사이에서 정신적인 타락이나 나태 혹은 침체가 먼저 시작된다고 한다. 하지만 내가 본 북한 주민들에게는 그들만의 뭔가가 있다. 그것은 우리가 도저히 알 수 없는, 혹 안다고 해도 이해할 수 없는 성격의 것이다. 나는 확실히 말할 수 없는 그 뭔가가 지금의 북한을 지탱하고 있다는 생각이다. 내 눈에 비친 북한은 전 국토가 요새화돼 있고, 최악의 경우에는 수백만 명이 결사항전을 벌이는, 한마디로 '빨치산 국가'(partisan state)였다.

친일세력이 득세한 나라

한국의 친일청산 문제는 매우 중요하면서도 쉽게 해결되지 않는 난제입니다. 이 문제에 대해서는 박근혜 대통령도 자유로울 수 없을 것 같은데요. 지난 2016년 8·15 경축사에 안중근 의사가 하얼빈에서 서거하셨다는 잘못된 내용이 들어가 나중에 정정하는 사건도 있었습니다. 또 8월 15일을 건국일이라고 지칭해 논란을 불러일으키기도 했습니다. 많은 이들은 부친인 박정희 전 대통령이 일제강점기 독립운동가를 토벌하던 친일 경력을 가지고 있었던 것과 연관 지어 보기도 합니다.

해방 후 친일 반역자들이 다시 득세를 함으로서 첫 단추를 잘못 낀 후과가 오늘날까지 이어지고 있다고 생각합니다. 그러나 부모가 친일을 했다고 그 후손이 책임을 져야하는 것은 아니라고 생각합니다. 문제는 기득권을 유산으로 받은 후세들 역시 자신들 조상의 죄과를 부인하고 나아가 정당화는 물론 미화하려는 것이죠. 그렇다면 그 후세들도 그들의 조상과 마찬가지로 똑같은 반역죄를 저지르는 것이라고 생각합니다.

지난 2016년 6월 한국환경정책평가연구원의 이정호 국가기후변화적응센터장이 한 행사장에서 '천황폐하 만세'를 세 번 외쳐 논란이 되고 있습니다. 그는 할아버지가 일제강점기 동양척식주식회사 고위 임원이었다고 밝히는 등 자신이 '친일파'임을 자랑스럽게 여기는 듯했습니다. 그러나 두 달이 지나서야 정직 2개월 처분을 받고 끝났다고 합니다.

저도 정부출연 연구기관 센터장이 공식행사에서 "천황폐하 만세!" 삼창을 했다는 뉴스를 듣고 제 자신이 얼마나 비참하게 느껴졌는지 모릅니다. 제가 저런 자들과 피를 나눈 같은 민족이라는 생각에서 말입니다.

북한에서는 다른 건 몰라도 친일파가 설친다는 건 상상도 할 수 없는 일입니다. 북한에 가면 아직도 '항일의…'라는 구호를 많이 볼 수가 있어요. 이는 아직도 적국 일본과 전쟁을 하고 있다는 뜻이 아니라, 그 항일 빨치산 투쟁의 정신으로 나라를 이끌자는 뜻입니다. 왜냐하면, 북한 정부의 수립이 항일 빨치산 투쟁에 그 뿌리를 갖고 있으며, 항일 레지스탕스들이 세운 정부이기 때문입니다. 그리고 그 후예들이 지금도 집권을 하고 있고요. 그러니 북한에서 "천황폐하 만세!" 같은 '얼빠진' 소리가 나올 수가 없지요.

우리나라의 정부수립도 상해 임시정부에 그 뿌리를 두고 있습니다. 그리고 상해 임시정부는 항일의 상징이고요. 그런데도 불구하고 어떻게 "천황폐하 만세!" 소리가 울려 퍼질 수 있는지 알 수가 없네요. 위에서 말씀드린 바와 같이 해방 후 새 정부 수립의 첫 단추를 잘못 낀 후과라고 생각합니다.

'북한에 관해서는 모두들 머저리'

한국에선 사드(THAAD) 배치 문제로 나라 전체가 시끄럽습니다. 북한의 핵미사일을 막기 위해서는 사드가 필요하다는 게 정부의 주장이고, 효용성은 없고 중국의 반발

만 불러온다는 게 반대하는 국민들의 주장입니다. 또 국가주권 문제로 보는 시각,
한미일 군사동맹과 연관 지어 보는 시각, 비용 문제나 건강권 문제로 보는 시각 등
다양한 시각들이 존재합니다.

이에 관해 제1야당의 전 대표는 "미국이 없었으면 오늘날 대한민국 없
었을 것"이라고 하고, 청와대 국가안보실장은 "사드 한국배치, 미국이 요
청하고 우리는 받아들여"라고 했습니다. 한국 대통령은 미국의 한 주지사
에 불가한가라는 탄식이 저절로 흘러나왔습니다.

미국을 방문하는 한국의 관리나 국회의원들의 행태를 보고 한 미국의
관리는 "북한은 존경할 만한 적(our respectable foe), 남한은 멸시할 만
한 우방(our despicable ally)"이라는 말을 했답니다.

사드의 초점은 기술적인 문제가 아니라 주권 없는 나라의 비참함입니
다. 우리는 때때로 북한을 '비정상 국가'라 부르며 비하합니다. 그러나
적어도 그들의 자주적 외교는 극히 정상적인 국가의 모습으로 보입니다.
우리나라야말로 국방과 외교에 있어서는 '정상국가'로 돌아와야 합니다.

2016년 들어 북한이 신형 미사일 발사시험을 자주 했습니다. 이에 대해 국제사회
는 규탄의 목소리를 내고 있습니다. 시험할 때마다 유엔 안보리가 열리는 장면도
이제는 익숙합니다. 한편으로는 같은 시기에 미국이나 러시아도 대륙간탄도미사일
발사시험을 했습니다. 하지만 여기에 대해서는 규탄의 목소리는 없습니다.

얼마 전 미국이 대륙간탄도미사일 미니트맨을 발사했습니다. 이를 두

고 한국의 언론은 일제히 '미너트맨 시험 발사'라고 보도를 했어요. 그러나 북한의 미사일에 대해서는 '도발'이라고 보도합니다. 왜 미국은 '시험'이고 북한은 '도발'인지 저도 궁금합니다.

추측하건대, 한국사회는 북한에 관한 한 논리적, 이성적, 합리적 사고가 끼어들 틈이 없는 것이죠. 이날 이때까지 반공교육에 의해 한쪽 눈의 시력을 완전히 잃어버렸지요. 게다가 까딱 잘못하다가는 국가보안법에 걸리는데 그런 합리적 사고가 가능하겠습니까?

남의 나라 군대, 그것도 세계 최강의 군대인 미군이 핵잠수함, 핵폭격기를 동원해 한국군과 함께 무시무시한 군사훈련(요즘은 아예 노골적으로 북점령훈련이라고 하더군요)을 하고 심지어는 '참수작전'이라는 이름하에 훈련을 해도 이는 아무렇지도 않고, 북한이 이에 대응해 미사일 시험발사를 하면 이는 곧바로 도발이 되는 그런 사회인 것이죠.

심지어는 탈북자들도 그와 같은 이중 잣대에 대해선 비판적인 시각을 갖고 있더라고요.

언젠가 페북에서 한 탈북동포가 올린 글을 읽은 적이 있습니다. 대충 다음과 같은 내용이었습니다. "한국에 와서 만난 많은 사람들은 지식도 상당하고 자신이 종사하고 있는 분야에 대해 높은 수준의 전문성을 갖고 있다. 그런데 북한에 관해서는 모두들 하나같이 머저리가 되어버리고 만다." 저도 그 글을 읽는 순간 쓴 웃음을 지을 수밖에 없었습니다.

한국 외교는 지나친 미국 의존, 미국 편향으로 인해 심각한 취약점을 가지고 있습니다. 정부는 대북압박 차원에서 세계 각국을 돌며 대북제재에 동참할 것을 호소하고 있는데 이 과정에서 여러 국격을 떨어뜨리는 일들이 벌어지고 있습니다.

저는 정치나 외교에 대해 아는 것이 없어 이런 문제에 대해서는 드릴 말씀이 없습니다. 다만, 얼마 전 한중 정상회담에서 중국의 시진 핑 국가 주석이 박근혜 대통령에게 "김구 선생과 임시정부를 중국 국민이 보호했다"며 '음수사원(물을 마실 때 그 물이 어디서 왔는지 생각한다)'이라는 말을 인용 불편한 한중 관계를 표현했다고 들었습니다. 이 말은 곧 "너희들이 오늘날 이렇게 사는 것이 누구 덕분인데 은혜를 알고 행동 제대로 하라"는 말로 한 나라의 지도자가 다른 나라의 지도자에게 면전에서는 차마 들을 수 없는 모욕적이고도 위협적인 언사입니다. 통역 시간을 제외한 20여 분 남짓 대화에서 이런 소리를 들었다니, 잠시 만나 꾸지람을 듣고 나왔단 말인지요. 뭔가 잘못되고 있다는 생각이 들었습니다.

한국 정치의 후진성과 종북 프레임

한국 정치의 후진성을 부정하는 사람은 없을 것입니다. 미국에서는 한국 정치에 대해 어떻게 평가하나요?

미국의 정치도 후진적인 면이 없지는 않습니다. 어쨌든 말씀드리기 죄송하지만 미국의 일반 사람들에게 한국은 관심의 대상이 아닙니다. 사정이 그러하니 한국정치에 대한 미국인들의 평가를 받기도 무척 어렵습니다. 모르고 있으니까요. 동아시아에 있어서 미국인들의 관심은 오로지 일본과 중국입니다.

한국에서는 개혁적 정치인이라고 해도 반북의식이 뿌리 깊은 경우가 대부분입니다. 국가보안법에서는 자유로운 해외동포의 눈에 이런 모습이 어떻게 보이나요?

반북의식과 자기 검열이 함께 어우러져 있다고 생각합니다. 지난번 통합진보당 해체 사건이나 현역 국회의원인 이석기 의원 구속사건 때도 이를 반대하는 많은 진보적이라는 인사들이 "나는 통합진보당을 싫어하지만" "나는 이석기 의원에 절대 반대하지만"이라는 전제 조건을 달면서 정부를 비판했습니다.

뿐만 아니라, 제가 존경하는 이재명 성남 시장도 저소득층 청소년 생리대 지원 사업을 발표하며 "북한도 아닌데 생리대도 못한다니"라는 말을 했습니다. 원래 의도는 그렇지 않다 해도 구태여 쓰시지 않아도 될 말들이었다고 생각합니다. 최근 김제동 씨도 백만 명이 모인 광화문 집회에서 남한이 북한과 다르다는 점을 강조했는데, 굳이 그렇게 말할 필요가 있을까 싶습니다.

종북프레임에 빠져들지 않으려는 노력이라고 생각합니다만 이를 정면 돌파하지 않고서는 '종북몰이'는 영원히 사라지지 않을 것입니다. 누군가가, 이왕이면 대권을 노리는 분들께서, "내가 지금 하는 일이, 내가 지금 하고 있는 말이 종북이야? 그래, 그럼 나는 종북이다"라고 당당히 자신 있게 말할 수 있어야 하지 않을까요. 그래야 통일 시대의 대통령 자격이 있는 것이겠죠.

한국에서 공직자 부패 · 비리 보도는 이제 놀랄 일도 아닙니다. 누구보다 청렴해야 할 검찰마저 비리 혐의로 연이어 구속되었고요.

　국운이 기우는지 범죄를 벌하는 검찰마저 마치 범죄의 온상처럼 변해 간다는 생각이 들었습니다. 제가 국가보안법으로 조사를 받을 당시 그래도 저는 검찰에 대해 '국가의 안보를 위해 자신들의 역할을 충실히 이행하고 있다'는 생각으로 성실히 조사에 임했습니다. 검찰에 대한 저의 이러한 존중심이 저의 억울한 감정을 많이 진정시켰죠. 그런데 최근 언론 보도를 통해 여러 비리를 알게 되면서, 홍만표, 진경준, 우병우 검사 같은 인물들이 속한 검찰의 손에 의해 내가 조사를 받았다는 게 참으로 기가 찰 노릇이라 여겨졌습니다. 물론 그들은 전체 검찰에 비하면 소수 이겠지만요.

지난 2016년 5월, 5 · 18 기념재단의 초청을 받아 귀국한 재독동포 이종현 선생이 입국 거부로 추방당했고, 그 충격으로 지병이 악화되었다고 합니다. 재유럽 한인 민주인사를 대표해 초청받았던 이종현 선생은 만 80세의 고령으로 어려운 걸음을 했다가 봉변을 당했습니다. 정부는 '국가에 해를 끼칠 위험이 있는 자'로 분류해 공항에서 2일간 억류 끝에 추방했다고 합니다. 강제 추방당한 경험이 있는 해외동포로서 남다른 느낌을 받았을 것 같은데요.

한국정부는 대체 뭐가 그렇게 두렵고 자신이 없는지 모르겠네요. 인
천공항에 억류 중이던 재독일 동포 이종현 선생이 강제출국을 당했다는
소식을 들었습니다. 그냥 입국시켜 행사에 참여하고 출국을 했다면 아마
대부분의 사람들은 무슨 일이 있었는지도 몰랐을 거예요. 강제출국을 시
킴으로서 오히려 안 좋은 뉴스를 만들고 나라의 품위를 떨어뜨린 거지
요.

그러나 아무리 강제추방을 하고 입국금지를 시켜도 조국의 민주화와
평화적 통일을 향한 해외동포들의 열정은 절대로 식지 않을 것입니다.
추방된 이종현 선생은 귀가 성명에서 "한시도 조국을 잊은 적이 없습니
다. 또한, 광주로부터 비롯된 자유와 민주에 대한 우리 민족의 열망이
해외에서도 널리 알려졌음을 자랑스럽게 공유하고, 뼈에 사무치도록 사
랑하였기에, 나의 고국 땅을 마침내 밟고자 했습니다. 조국의 평화와 번
영을 위하여 남은 일생을 더욱 불꽃처럼 태우며 살아갈 것입니다."라는
말을 남겼습니다. 저도 똑같은 심정입니다.

조선에서 '헬조선'으로 왔다는 탈북자

최근 한국에서는 헬조선이라는 말이 유행하고 있습니다. 사회 전반이 '지옥'같다고
해서 등장한 신조어인데요, 실제로 그렇게 느낀 적이 있는지요.

한국에서 살지 않고 있으니 실감을 하지는 못합니다. 겉으로 보는 한국은 정말 눈부신 경제발전을 했고, 또 이것은 세계가 인정하는 것입니다. 그러니 저는 지금 한국에서 돌고 있는 '헬조선'이란 말이 무슨 뜻인지 정확하게 모릅니다. 인터넷을 통해 들은 바에 의하면 왜곡된 임금구조와 불공평한 부의 분배 때문에 발생하는 문제들로 인해 많은 사람들이 경제적으로 고통당하는 측면에서 그렇게 부르는 것이 아닌가 생각합니다. 'N포세대'라는 말이 있듯이요.

저는 두 가지 이유에서 '헬조선'이라는 말을 실감합니다. 첫째는, 제게 연락을 해오는 탈북동포들의 80퍼센트 정도가 '조국(북한)이 받아준다면 조국으로 돌아가고 싶다'고 말한다는 것입니다. 처음 저는 이런 말을 들으며 이해할 수가 없었습니다. 왜냐하면, 아무리 한국에서의 삶이 힘들더라도 그들이 떠나온 북한보다는 경제적으로 한국이 훨씬 여유가 있다고 생각하기 때문입니다.

더구나 제게 연락을 해오는 대부분의 탈북동포들은 북에서 범죄를 저지르고 온 사람들이었습니다. 탈북동포들이 제게 연락을 해 올 때 저는 두 가지를 묻습니다. 하나는 고향이 어디냐는 것입니다. 왜 이 질문을 하냐면 혹시라도 그들의 고향이 제가 가 본 곳이면 사진을 보내드리기 위해서입니다. 또 하나는 왜 탈북을 했느냐는 것입니다. 이 질문을 하는 이유는 단순히 호기심에서입니다. 놀랍게도 많은 분들이 범죄자들이었습니다.

주로 어떤 범죄를 저지르고 탈북하나요?

범죄를 저지르고 탈북을 했다는 말을 들을 때마다 저는 꼭 되묻곤 합니다. "북에서 저질렀다는 그 범죄가 남한에서도 범죄가 되는 그런 일인가요?"라고. 그러면 그들은 "그렇습니다"라고 대답을 합니다. 아마도 그들은 저를 믿기 때문에 솔직히 대답하는 것 같아요. 범죄의 유형은 골동품 빼돌리기, 밀수, 탈북 브로커와 짜고 여성들을 탈북시키기, 국가재산 횡령, 절도, 폭력, 성폭행 등등 다양했습니다.

심지어는 범죄를 저지르고 '도망 나온' 이들도 가능하면 북으로 돌아가고 싶어 한다니 '대체 얼마나 한국이 싫으면 그런 말을 할까' 의문이 들었던 겁니다. 물론 돌아가고 싶은 첫째 이유는 두고 온 가족과 고향을 그리는 마음입니다. 둘째는 이들이 한국에서 느끼는 상대적 박탈감입니다. 이들에게는 북한에서 경험했던 절대적 빈곤보다 한국에서 경험하는 상대적 빈곤과 박탈감이 더 무섭게 느껴지는 것입니다. 한 탈북동포가 말하더군요. "조선을 탈출해 천신만고 끝에 겨우 도착한 곳이 헬조선이었다."

헬조선이라 느끼는 또 한 가지 이유는 무엇입니까?

제가 '헬조선'이라는 것을 실감하는 두 번째 이유는 제 경험 때문입니다. "대동강맥주가 맛있다" "북녘에 흐르는 강물이 깨끗하다" "북녘의 핸드폰 수가 250만을 넘었다" 등의 사실을 말했다고 출국금지 속에 30일간 네 차례에 걸쳐 50시간 이상 검·경의 조사를 받고, 5년간 입국금지와 함께 강제출국을 당하면서 그야말로 '헬조선'이라고 느낀 것입니다.

저와 남편은 북한에서 '남한이 얼마나 경제적으로 발달한 나라인가'를 북녘의 동포들이나 관리들에게 서슴없이 말하곤 합니다. 그러나 저의 이런 발언 때문에 문제가 된 적은 한 번도 없었습니다. 오히려 그들은 "남녘의 동포들이 잘산다니 다행입니다"라고 응답하곤 합니다. 물론 북한에서 해서는 안 되는 말이 있습니다. 북한의 지도자를 비방하는 일입니다. 그러나 이것을 제외하곤 있는 사실을 그대로 얘기했다고 문제가 되지는 않았습니다. 그런데 소위 자유민주주의라는 한국에서 단순한 사실을 얘기했다고 그런 무시무시한 일을 당하다니 '헬조선'이라고 느낄 만하지요. 한국에서는 "북한의 맥주는 맛이 없다" "북한의 강물은 더럽다" "북한에는 핸드폰이 거의 없다" 등의 거짓말을 해야만 한다면 '헬조선'이 틀림없습니다.

강제출국 후 북한을 또 방문했는데, 북에서는 한국에서 벌어진 이 사건을 잘 알고 있었나요?

2015년 1월 강제출국 당한 이래 두 번 다녀왔습니다. 2015년 6월 일본순회강연에 초청받고 가는 길에 북한의 수양가족을 만나러 갔고, 곧이어 10월에 임신한 둘째 수양딸 출산준비를 해 가지고 갔습니다.

물론 북한 동포들도 한국에서 있었던 사건에 대해 자세히 알고 있었습니다. 특히 익산 폭탄테러에는 모두들 경악했다고 합니다. 어떻게 어린 학생이 강연장에 폭발물을 투척할 수 있는지 놀랐고, 한편으론 분노했다고 합니다. 혹시라도 북한 동포들이 '한국은 북한에 대해 얘기했다가는 강연장에 폭탄이 난무하는 그런 나라'라고 오해할까봐 그렇지 않다는 것을 이해시키기 위해 무척 애썼습니다.

그리고 "대동강맥주가 맛있다" 등의 말이 어째서 죄가 되는지 어이없어 했습니다. 실제로 대동강맥주가 맛이 없고, 북한의 강이 더럽고, 북한에는 손전화도 없는데 반대로 거짓말을 했다면 이해할 수도 있지만 사실을 말했는데 그게 어찌 죄가 되는가, 더구나 이역만리 타국에서 사는 동포를 어떻게 그런 식으로 쫓아버릴 수 있냐며 기가 막힌다는 표정이었죠.

평양 교회에서 진심으로 회개

2016년 5월 2일 미국 국제종교자유위원회(USCIRF)가 '2016 연례 종교자유보고서'에서 북한을 특별우려국(CPC)으로 지정할 것을 국무부에 건의했습니다. 국민의 종교자유를 조직적, 지속적으로 탄압하는 나라라는 건데요. 북한 방문 시 교회에 가서 예배도 보셨는데, 분위기가 어떠했나요?

저는 기독교인이라서 북한에 갈 때마다 꼭 주일예배를 드립니다. 평양에서는 봉수교회와 칠골교회에 갑니다. 북한의 교회에 대해 흔히 하는 말이 '가짜 교회'라는 것이지요. 저 역시도 첫 북한여행 시 평양의 봉수교회를 방문하면서 내심 북한교회에 대한 안 좋은 선입견과 의구심을 가지고 있었습니다. 심지어 제 남편은 첫 북한여행 때 평양 봉수교회의

평양 칠골교회. (2015년 7월 5일)

목사님에게 "이 교회 혹시 가짜 교회 아녜요?"라고 묻기까지 해서 저를 당황하게 하기도 했죠.

그러나 2011년 10월 첫 북한여행 당시 평양의 예배당 한 귀퉁이에 앉아 머리 숙여 기도하는 순간 저에게 북한의 교회가 진짜인지 가짜인지는 관심 밖의 문제가 되어 버렸습니다. 저는 예전 동양의 예루살렘이라 불렸던 평양의 한복판 예배당에서, 혹여 보여주기식 교회라 할지라도 그곳에서 진정으로 지난날의 교만하고도 어리석었던 제 신앙생활을 부끄러운 마음으로 회개했어요.

평양 교회에서 회개를 했다고요?

발해시대의 절인 함경북도 칠보산 개심사.(2013년 8월 21일)

저는 개인적으로 그 '무시무시한' 북한이라는 나라의 교회에서 깨닫고
회개했습니다. 하나님께서는 북한도 사랑하고 계시다는 걸 깨달은 것입
니다.

　그리고 제가 북한에 갈 때마다 북한 교회에서 함께 예배드리던 북녘
동포들은 나와 한목소리로 신앙고백을 하고 내가 늘 즐겨 부르던 찬양
을 함께 불렀습니다. 물론 그들이 진정으로 예배를 드리고 있는지는 하
나님만 아시겠지요. 어쨌든 저는 북한에 갈 때마다 교회를 가고, 그곳에
오는 북녘의 동포 교우들과 매우 은혜로운 예배시간을 가졌습니다. 진짜
교회인지 가짜 교회인지는 우리가 판단할 몫이 아니라 생각합니다.

교회뿐만 아니라 절도 여러 곳 방문하셨죠?

발해시대의 절인 함경북도 칠보산 개심사도 가 보았고, 황해도 구월
산 월정사, 가곡 〈성불사의 밤〉으로 우리에게 잘 알려진 황해도 정방산
성불사, 강원도 설봉산 석왕사, 평안북도 묘향산 보현사 등 많은 사찰에
가 보았습니다. 절이란 역사 문화유적이기 때문에 대체로 잘 보존되어
있습니다. 그리고 절에는 꼭 주지스님이 계셨지만 불공을 드리는 신도를
본 기억은 없습니다. 그러나 북한을 방문하는 재미동포 불교 관계자에
의하면 북한에도 불교신도가 있다고 합니다.

김정은 위원장 인기가 높은 이유

지난 2016년 8월 24일 〈프레시안〉 보도에 따르면 최근 탈북한 사람들을 대상으
로 설문조사를 했더니 북한 김정은 위원장에 대한 지지도가 갈수록 올라가고 있다
고 합니다. 그 이유가 무엇이라고 생각하나요?

네, 저도 그 기사를 읽었습니다. 〈프레시안〉의 기사에 따르면 '김정은
위원장에 대한 북한 젊은 층의 지지는 높으며 따라서, 급변 사태는 기대
하기 어렵다'고 하더군요. 탈북자들을 상대로 한 설문조사이므로 표본에
많은 제약이 있어 이 조사의 신뢰성에는 의문이 가나 '김정은 위원장의
인기가 높다'는 조사결과는 대체로 맞다고 볼 수 있습니다.

그동안 여덟 차례에 걸쳐 북한을 여행한 나의 경험에 비춰볼 때 김정은 위원장의 인기가 높은 이유는 대체로 다음의 두 가지입니다. 첫째, 김정은 위원장의 집권 이후 북한의 경제가 많이 발전하고 있기 때문입니다. 북한의 많은 사람들이 그 이유로 핵무장을 듭니다. 즉, 핵무장 이후 국방에 들어가는 비용을 줄여 경제로 돌리고 있어 경제가 나아지고 있다는 것입니다. 다시 말해, 그들이 말하는 핵경제병진노선이 성공하고 있다고 생각합니다. 둘째, 김정은 위원장의 개방성입니다.

개방성이요?

김정은 위원장이 등장한 이후 북한 주민들의 복장이나 머리 스타일, 그리고 생활방식 등에서 많은 변화가 생겼습니다. 어느 정도 외부 문화에 대한 수용을 허용하고 있고요. 김정은 위원장이 스위스에서 공부했다는 사실을 기억해야 합니다. 그는 외부 세계가 어떻다는 것을 잘 알고 있으며, 인민들도 이를 어느 정도 누려야 한다고 생각하고 있다는 것이 저의 추측입니다. 지금 북한 핸드폰 사용자가 4백만 명 정도이고 스마트폰의 보급율도 상당히 높습니다. 심지어 인터넷 허용범위도 점차 늘려가고 있습니다. 그런데 한국 정부는 아무런 근거 없이 '김정은 위원장은 공포정치를 펼치고 있으며 북한은 곧 붕괴할 지도 모르니 이에 대비해야 한다'고 합니다. 그러나 저는 대북 정보능력이 뛰어난 한국정부가 이를 모르고 있다고 생각하지 않습니다. 아마도 다른 정치적인 이유 때문에 북한의 실상을 제대로 알리지 않고 있지 않은가 생각합니다. 우리는 민족의 미래를 위해 북한을 정확히 올바르게 알고 있어야 합니다.

북에서 만난 탈북여성 김련희 씨 가족

한국 국민들 사이에 퍼져있는 북한에 대한 오해는 많지만 그 가운데 대표적인 게 '탈북자의 가족은 수용소로 끌려간다'는 것이 아닌가 싶습니다. 저는 개인적으로 탈북자들 인터뷰를 통해 수용소는커녕 (불법이기는 하지만) 탈북자와 가족들이 전화통화도 하고 송금도 한다는 사실을 알게 되었습니다.

북한에 대한 거짓 허위보도는 그 수를 헤아릴 수가 없어 일일이 나열할 수도 없습니다. 많은 거짓말 중의 하나가 '탈북자의 가족은 수용소로 끌려간다'는 보도가 아닌가 싶습니다. 실제로 북한에 수용소라는 것이 있는지 없는지 저는 모릅니다. 가 본 적이 없으니까요. 있다고 해도 방문객인 저를 그런 곳으로 데려가지도 않을 테고요. 그런데 탈북동포들이 방송에서 수용소 얘기를 하니까 정말 있는가 보다 생각하는 정도입니다. 한편 언론은 '탈북자들이 북에 있는 가족에게 송금을 한다'고 보도하기도 합니다. 수용소로 송금을 한다는 말인지. 그런 점을 살펴볼 때 탈북자 가족이 수용소로 끌려간다는 말에는 선뜻 동의하기가 어렵군요.

혹시 북한에서 탈북자 가족을 만나본 적 있는지요?

평양에서 만난 탈북여성 김련희 씨의 딸 리련금 양과 함께. (2015년 10월 15일)

저는 2015년 10월 북한을 여행하면서 남한에 살고 있는 탈북여성 김련희 씨의 가족을 북한에서 만나 그들과 김련희 씨를 페북 메신저로 연결시켜 주기도 했습니다. 심지어는 탈북해 남한에 와서 새누리당 비례대표 국회의원을 지내고 있는 사람(탈북자 최초 국회의원 조명철)의 형제도 버젓이 평양에 살고 있었습니다.

그러고 보니 실상은 정반대네요. 만일 남한 국민이 북한으로 월북해 살면서 남한의 가족에게 송금을 했다가는 그 가족은 아마도 국가보안법에 의해 엄청난 고초를 겪을 테니까요.

최근 수년 사이 북한의 사회 경제적 변화가 급격하게 이뤄지고 있다고 합니다. 여러 차례 방북하면서 이런 점을 어떻게 느끼셨나요.

제가 북한에서 사는 것이 아니니 내적으로 어떤 변화가 있는지는 알수가 없겠지요. 그러나 겉으로 보는 북한은 갈 때마다 변하고 있습니다. 우선 경제가 점점 좋아지고 있다고 생각합니다. 평양에는 지금 엄청난 건설 붐이 일고 있습니다. '미래 과학자의 거리' 같은 경우 1년 만에 대도시의 다운타운 하나가 들어선 것과 같습니다. 도저히 믿을 수가 없을 정도입니다. 남편은 "혹시 날림공사 아닐까"라며 걱정을 하기도 합니다.

평양의 도로에 자동차도 늘어났다고 하던데요.

자동차의 숫자가 크게 늘고 있습니다. 평양의 공기가 좋다는 말도 이제는 옛말입니다. 택시, 승용차는 물론 지방에 가면 시외버스도 많이 볼 수 있습니다. 시외버스가 늘고 있다는 것은 활발한 상업 활동이 이루어지고 있다는 증거이기도 하지요.

식당들도 붐비고 있습니다. 주로 배급표를 갖고 가는 옥류관이나 청류관 같은 대형 국영 식당은 말할 것도 없고, 외화를 사용해야 하는 일반식당도 식사시간에는 앉을 자리가 없을 때도 있습니다. 이는 구매력을 갖춘 시민들이 등장했다는 뜻이겠지요.

사람들의 옷차림도 많이 밝아졌습니다. 여성들은 귀걸이, 목걸이, 양산, 하이힐 등으로 치장을 하고 화려한 양산과 스마트폰은 필수입니다. 폴로셔츠를 입은 아이들이 눈에 띄기도 합니다. 그만큼 생활수준이 높아졌다고 볼 수가 있습니다.

① 1년여 만에 완공된 평양 미래 과학자의 거리. (2015년 10월 9일)
② 평양의 일반 외화식당. (2015년 7월 5일)
③ 늘어나는 평양의 교통량. (2015년 10월 18일)
④ 휴대폰 사용하는 북한의 여성. (2015년 7월 1일)
⑤ 폴로셔츠를 입은 북한의 어린이. (2015년 7월 5일)

북녘 동포 수해 돕기 모금해서 방북 계획

올 9월 북한 함경도에 관측 사항 최악의 홍수 피해가 발생했다고 합니다. 가옥 1만 7천여 채가 소실되고 4만 명이 넘는 이재민이 발생했다 하고요. 페이스북을 통해서 북녘 동포 수해 돕기 모금 운동을 벌이는 것을 봤습니다. 어떻게 시작하게 됐나요?

올 여름 함경북도 혜산, 회령, 온성, 경원, 경흥 등지를 홍수가 휩쓸고 갔다는 뉴스를 듣곤 무척 가슴이 아팠습니다. 특히 경원, 경흥은 저도 가 본 곳이라 더 가슴에 와 닿았습니다. 두만강을 끼고 있는 북한 지역은 고도가 낮아 당시 여행을 하면서도 홍수 걱정을 한 적이 있었는데 불행히도 저의 우려가 현실이 되고 말았죠. 경제적으로 풍요한 한국이 구호물자를 보냈으면 하는 기대도 해 보았으나 역시 한국 정부는 민간의 도움마저도 불허했습니다. 그래서 개인적으로라도 모금운동을 펼쳐 쌀이라도 보내야겠다고 마음먹었어요. 물론 제가 목표로 한 쌀의 양은 그야말로 한줌도 안 되는 것이지만, 수해로 고통받는 북녘의 동포들에게 남녘과 해외의 동포들, 그리고 모금에 동참한 외국인들의 따뜻한 마음과 사랑을 전하며 위로의 말을 건네고 싶었습니다.

짧은 시간에 목표액을 뛰어넘는 성과를 거두셨다 하던데….

모금을 하면서 세운 목표는 1만 달러였습니다. 북한의 장마당에서 쌀 값이 1킬로그램에 북한 돈으로 약 5,500원(한화 약 7백 원) 정도니 1만

북한 땅에서 바라본 두만강. 강 건너 오른쪽 산이 있는 곳이 중국, 그리고 왼쪽 평지가 함경북도 온성군. (2012년 5월 24일)

달러를 모금하면 대략 15톤의 쌀을 살 수 있겠다는 생각을 했습니다. 쌀을 사서 트럭에 싣고 수해지역인 함경북도 회령과 온성으로 직접 가려는 계획을 세웠습니다.

모금을 시작하자마자 순식간에 목표액 1만 달러를 달성했고, 3일 만에 목표액의 두 배를 달성했습니다. 그런데 문제가 생겼죠. 한국을 제외한 미국에서의 모금은 주로 '유케어링'(YOUCARING)이라는 클라우드펀딩 사이트를 통해서 모금을 했는데, 액수가 1만 달러 정도에 달했을 무렵 돌연 유케어링에서 모금활동을 중지한다며 성금을 보낸 분들에게 모두 돌려보낸 겁니다. 이유는 미국 정부의 대북경제제재 때문이라고 해요. 유엔의 대북경제제재 외에 미국의 대북경제제재가 따로 있는데 인도주의적 구호는 예외입니다. 유케어링이 법을 잘못 이해해서 일어난 일이라고 생각합니다.

이를 제외하고도 모두 약 3만5천 달러의 성금이 답지했습니다. 이 중 약 2만 달러는 한국에 있는 국민은행의 제 개인계좌로 입금된 성금이었는데, 이번에는 국민은행이 인출을 거부하는 사태가 벌어졌어요. 서울에 사시는 저의 친정어머니께서 평소처럼 제 통장과 도장, 그리고 비밀번호를 갖고 인출을 하려는데, 전에는 요구하지 않던 위임장과 자금활용계획서 같은 서류를 제출하라고 하더라고요. 그밖에도 여러 가지 구실을 붙여 인출을 거부하는 것이었습니다. 그래서 2014년 '종북몰이' 때부터 저를 도와주시는 서울의 법무법인에 의뢰해서 결국은 인출을 했습니다. 이와 관련해 주요 언론에도 보도가 됐고요. 다만 자세한 내막은 은행 측 입장을 고려해 생략하겠습니다.

성금을 모으는 과정에 인상적인 미담이나 일화가 있다면 소개해 주시죠.

각계각층의 여러분께서 성금을 보내주셨습니다. 성금을 보내신 분 중에는 경비원으로 일하신다는 분, 아르바이트를 한다는 어린 학생, 며느리에게 받은 용돈이라며 보내주신 노인, 심지어는 도움을 받아야 할 처지에 있는 탈북동포도 계셨죠. 그 고마움에 얼마나 많이 눈물을 흘렸는지 모릅니다. 그때마다 어떻게 해서든지 수해를 입고 실의에 빠진 북녘의 동포에게 쌀을 전해야 한다고 결심하곤 했죠. 한편, 남녘 동포의 북녘 동포에 대한 사랑을 확인할 수가 있어서 한없이 기뻤어요.

한국 정부도 함께 하길 호소했는데, 끝까지 외면하고 있는 걸 보면서 어떤 생각이

들었나요.

북한이 '철천지 원수'라 부르는 미국 정부도 '민간단체의 북한 수해지원에 도움을 줄 것'이라고 밝혔는데, 한 민족 한 핏줄이라는 한국이 외면하는 것을 보고 저는 한마디로 참담한 감정을 느꼈습니다. 적어도 민간단체의 지원이라도 허락해 줄 것으로 믿었거든요. 우리 민족이 마지막으로 잡고 있던 개성공단이라는 조막만한 손마저 떼어 놓는 것을 보고 이미 남북관계 개선에 대한 기대를 접었지만, 그래도 인도주의적 지원마저도 거부하리라고는 생각하지 않았습니다. 뭔가 잘못 가고 있다는 느낌이 들면서 두려움이 생기기도 했죠.

북은 '전화위복의 계기'로 삼자면서 대대적인 복구사업을 벌이는 것으로 알고 있는데, 이에 관해 특별히 들은 소식이 있나요?

최근 북한을 방문하고 돌아온 재미동포에게 소식을 들었습니다. 온 나라가 수해복구에 전력을 다하고 있다고 해요. 기쁜 소식이에요. 원래 함경북도 지역의 새 주택 건설은 10년 후로 계획돼 있었는데 수해로 말미암아 이를 앞당겼다고 합니다. 평양에서 '려명거리'라는 건설공사를 대대적으로 하는 중이었는데, 이를 즉시 중단하고 모든 인력과 물자를 수해지역으로 보냈다고 해요. 구호물자도 많이 공급되니 오히려 지금은 사정이 그리 나쁘지 않다고 생각됩니다만 시간이 지나면서 지원도 감소할 것으로 예상돼 걱정이 많이 됩니다.

① 유엔 현지조사단이 촬영한 북한 수해 현장.
② 크라우딩펀딩 사이트 '유케어링'(youcaring)'에 올라온
　북한 수해 사진.
③ 수해 복구 후 입주를 축하하는 북한 주민들.
④ 입주 축하 마을 잔치(회령시 인계지구).

최근 미국 재무부에서 구호활동 허가가 나왔다는 소식을 들었습니다.

저는 미국 시민이기 때문에 미국 법을 준수할 의무가 있어요. 미국의 대북경제제재는 주로 미 재무부에서 담당하고 있는데 인도주의적 구호 활동을 가능케 한 예외 조항을 적용받기 위해서는 두 가지 라이선스(허가)를 취득해야 합니다. 첫째는 미국 밖에서 물품을 구입해 북한으로의 유입을 허락하는 라이선스이며, 둘째는 구호활동을 허락하는 라이선스 죠. 이미 모든 서류를 갖춰 재무부에 제출하고 허가가 나오기만을 기다리고 있었는데, 마침내 오랜 기다림 끝에 미국 시각으로 2016년 11월 15일, '북한 수재민들에게 쌀을 구입해 전달해도 좋다'는 라이선스(허가)를 발급 받았습니다. 앞으로도 지속적인 도움을 줄 수 있도록 미 정부는 라이선스의 유효기간을 2018년 11월 30일까지 해주었고요. 라이선스는 비영리법인 '신은미 파운데이션(Shin Eunmi Foundation)'이름으로 발급 받았습니다.

이후 성금 전달 계획은 어찌 되나요?

곧 북한 비자를 신청해 함경북도로 갈 계획입니다. 비자와 쌀 구입 등을 처리하고, 앞으로 한 달 안에는 수해 지역인 함경북도 회령과 온성으로 가서 여러분의 사랑과 함께 쌀을 전달할 수 있을 것입니다. 현재까지 약 40톤의 쌀을 살 수 있는 성금이 모였고요.

동포 여러분께 지속적인 성금 지원을 부탁드립니다. 혹시 한국에서 성금을 모금하였으나 보내지 못하고 있는 시민단체, 종교단체 또는 개인, 기업 등이 있으시면 저희에게 아래의 계좌로 보내주세요. 대신 전달해 드리겠습니다. 성금에 관한 문의 사항이나 연락이 필요한 경우 eunmishin21@gmail.com으로 전자우편을 주시거나 페북 메신저를 이용해 주시면 고맙겠습니다.

신은미 파운데이션(Shin Eunmi Foundation)은 2016년 10월 28일 설립되었습니다. 2016년 여름에 발생한 함경북도 홍수 피해 수재민들을 돕기 위해 설립하였고, 앞으로 장기적으로 북한동포를 돕고 또 남북 간의 문화 교류를 촉진하는 일을 할 계획입니다.

한국 내 송금
   예금주 : 이재봉 (남이랑북이랑)
   은행이름 : 전북은행
   계좌번호 : 102101-1778059
   (원광대학교 이재봉 교수님은 '신은미 파운데이션'의 이사입니다.)

미국으로 직접 송금하실 경우
   예금주 : Shin Eunmi Foundation
   은행이름 : U.S. Bank
   지점번호 : 5020
   은행주소 : 1175 Grand Ave., Diamond Bar, CA 91765, USA
   은행 스위프트 코드 : USBKUS44IMT
   라우팅 넘버 : 122235821
   계좌번호 : 157511632836

PayPal을 이용하실 경우
   help4nkfloodvictims@gmail.com

박근혜-최순실 게이트의 충격

최근 한국에서는 '박근혜 퇴진'을 요구하며 광화문에 백만 명이 넘는 시민들이 모였습니다. 주변의 미국 시민과 교포들은 박근혜-최순실 게이트에 관해 어떤 반응을 보이나요.

얼마 전 이웃에 사는 미국인이 최순실 스캔들과 관련해 제게 물었습니다. "너희 나라 대통령이 믿는 종교가 대체 어떤 것이냐"고. 나는 그저 "모른다"고 대답했죠. 실제로 지금도 모르고 있고요. 이웃은 손에 들고 있던 삼성 갤럭시 노트4를 내보이며 "이 회사도 그 샤먼(무당)에게 뇌물을 주었다며?"라고 말하면서 고개를 좌우로 흔들어 대더군요. 나의 모국이 하루아침에 미개한 삼류 국가로 전락했다는 느낌이 들면서 얼굴이 화끈거렸습니다. 외국인들 보기가 창피한 게 아니라 그냥 나 자신이 스스로 부끄럽더라고요.

재미교포 사회의 반응도 한국과 별반 다르지 않습니다. 대부분의 사람들이 놀라고 한편으로 분노하고 있어요. 로스앤젤레스를 비롯한 미국 내 한국 영사관 앞에서는 매일 시위가 벌어지고 있고요. 물론 한국의 '어버이 연합' 같은 우익 단체의 회원들이 박근혜 씨를 옹호하는 시위를 동시에 벌이기도 하지만 전혀 호응을 받지 못하고 있어요.

미국 언론도 이번 사건에 관심이 많은 것 같습니다.

사실 평소에 미국의 언론은 한국에 큰 관심이 없습니다. 뉴스의 빈도 수를 볼 때 오히려 북한 관련 뉴스가 훨씬 더 많은 실정입니다. 물론 북한의 핵무기와 미사일 발사 때문이죠. 그러나 이번 최순실 씨와 관련한 뉴스는 비교적 많이 다루고 있습니다. 일국의 대통령이 국가의 정책결정을 비선 친구에게 의존했다는 사실에 놀라고 있습니다. 부정부패와도 연결해 보도하고 있고요.

최순실 점괘에 놀아난 대북정책

최순실의 점괘에 국정원과 대북정책 담당자들이 놀아났다는 보도도 있습니다. 심지어는 개성공단 폐쇄에도 최순실의 입김과 점괘가 작용했다는 소문도 무성합니다. 통일운동에 관심 많으셨던 입장에서 이런 소식을 접하며 어떤 심정이 들었나요.

박근혜 대통령이 안보와 외교에 있어서도 최순실 씨에게 의존했다는 뉴스를 듣곤 경악했습니다. 개성공단 폐쇄도 최순실 씨가 개입했다는 설을 접하곤 분노가 치밀어 올랐고요. 최순실 씨는 2년 안에 곧 통일이 된다는 말을 하고 다녔다고 하더군요. "2015년 통일이 된다"고 했던 남재준 전 국정원장이 떠올랐습니다. 당시 무슨 근거로 국정원장이 그런 말을 하는지 의아했죠. 세계 수준의 정보능력을 자랑한다는 한국 국정원이 설마 한 '신통한' 무속녀의 장단에 함께 춤을 춘 건 아니리라 믿습니다. 이것도 혹시 최순실 씨의 '점괘'로 움직였다면 기가 막힐 일이겠죠.

통일부, 외교부는 무얼 하고 있었는지 의문입니다. 그들이 했다는 것이 기껏 '한 무속인의 계시를 충실히 이행한 거란 말인가'라는 생각에 미치자 황당한 마음이 들기까지 했어요. 그들 중 누구 하나 "이건 아닙니다"라고 충언을 한 사람이 있었는가? 모두들 '환관 내시'가 되어 "네, 네" 했단 말인가? 우리의 미래는 참으로 암담하다고 생각했죠.

요즘 '책임총리'라는 말이 나오는데 내용인 즉, 안보와 외교는 대통령이 맡고 내치는 책임총리가 맡는다고 합니다. 참으로 위험한 발상이라고 생각해요. 우리 안보의 거의 모든 것은 남북문제인데 아무것도 모르는 박근혜 씨에게 이를 맡길 수는 없는 것이죠. 그리고 해외에 나가 내용도 제대로 모르는 협정이나 협약에 마구 서명하고 다니도록 허용해서도 안 된다고 생각합니다.

지금도 식물대통령 밑에 있는 국방부가 한일정보협정과 사드를 밀어붙이고 있는데, 박근혜 대통령은 이게 얼마나 중요한 일인지 알기나 할까요? 잘못된 내치는 우리끼리 안에서 해결할 수 있지만 잘못된 외치는 되돌리기 위해 치러야 할 대가가 감당할 수 없을 정도로 클 수 있습니다.

박근혜 대통령이 어찌 보면 격에 안 맞게 직접 토크콘서트 수사하라고 지시했는데, 이 역시 최순실의 입김이 작용했을 수도 있지 않을까요?

2015년 1월 초 강제출국을 당하기 전 검찰 조사를 받을 때 일입니다. 담당 검사는 내게 "기자들과 인터뷰할 때 말을 많이 하지 마라"며 "내 위에 총장 있고 그 위에 또 있어요. 위에서 인터뷰 장면 보면 더 압력이

들어옵니다"라고 말했습니다. 물론 나를 생각해서 하는 말이라 여기고 고맙게 생각했습니다.

'총장 위에 또 있다'고 했는데, 그것은 청와대라고 생각해요. 왜냐하면, 박근혜 대통령은 통일토크콘서트를 '종북콘서트'로 규정하며 수사 가이드라인을 제시했기 때문입니다. 지금 생각해 보니 '총장 위에 또 있다'는 그가 결국은 최순실이 아니었나 싶기도 합니다. 보도에 의하면 박근혜 씨는 피곤할 정도로 최순실에게 의존했다니 말입니다.

제가 서울에서 종북몰이를 당하던 당시는 소위 '정윤회 문건 유출' 사건으로 몹시 시끄러울 때였습니다. 주위 사람들은 제게 '정윤회 사건과 통합진보당 해산 등으로부터 관심을 다른 곳으로 돌리기 위해 종북몰이를 하는 것'이라고 말해줬지만 저는 믿어지지 않았어요. 그런데 지금은 어쩌면 그럴 수도 있었겠다는 생각이 들기도 합니다.

사드 배치도 최순실의 돈벌이 수단으로 이용됐다는 설도 흘러나오고 있습니다.

안보마저 사사로운 이해관계에 좌지우지되는 대한민국의 정치현실을 보며 국민들은 분노하기에 앞서 부끄러움을 느낄 지경입니다.

무기 로비스트로 알려진 한 재미동포 여성이 있는데, 약 20년 전 한국의 방산비리와 관련해 뉴스에 오르내린 사람이에요. 무기 로비스트들은 천문학적 액수의 거래를 성사시키고 거액의 커미션을 받습니다. 또 무기회사는 판매를 위해 수입국의 정치 지도자에게 엄청난 액수의 뇌물을 주기도 하고요. 이 재미동포 여성이 최순실 씨와 함께 수차례 청와대를 출입했다는 말이 인터넷에 나돌고 있습니다. 만일 이 여성이 청와대를 방문했다면 무기 수입과 관련이 있지 않을까 생각합니다. 게다가 평소 최순실 씨는 사드 배치 얘기를 하고 다녔다고 해요. 그렇다면 박근혜 대통령은 남북관계를 최악으로 몰아가 사드 배치를 위한 분위기를 조성했을 수도 있다는 합리적 의심을 하게 만듭니다. 개성공단 폐쇄도 최순실 씨가 관련됐다는 소문도 있으니까요. 전투기와 사드 등 무기 구입에도 관여한 것이 사실이라면, 최순실 씨는 돈을 위해서는 국가의 안보도 안중에 없었다는 말이 됩니다. 박근혜 대통령은 이에 동조한 것이 되고요. 이것이야말로 내란죄 아닐까요?

평화통일 추진할 새로운 체제 만들어야

최순실 사건이 불거져 나온 이후 한국에서는 6·10항쟁 이후 최대 규모의 시위가 일어나고 있습니다. 이를 지켜보며 어떤 생각이 드시나요?

저는 외국에 살면서 경제발전을 비롯해 우리나라가 이룩한 눈부신 성취에 대해 큰 자부심을 갖고 있었죠. 그 중에서도 가장 자랑스럽게 생각한 것은 김대중, 노무현 정부를 거치며 우리가 이룩한 민주주의의 정착이었습니다. 그러나 한국의 민주주의가 허약하고 허울뿐이었다는 것이 이번에 증명됐습니다. 저는 지난 2014년 한국에서 종북몰이를 당하면서 이를 몸소 경험했고요. 지금의 한국은 자유민주주의 국가가 절대 아닙니다.

이번 '박근혜 게이트'를 계기로 우리는 새로운 나라를 세운다는 자세로 혁명적 변화를 꾀해야 합니다. 그리고 앞으로 우리가 맞이할 새로운 체제는 분단을 극복하고 민족의 화합과 조국의 평화통일을 보장할 수 있는 수 있는 그런 것이어야만 합니다. 그렇지 않는 한 우리의 미래는 과거와 크게 다르지 않을 거라고 믿고 있습니다.

〈오마이뉴스〉에 연재하는 글을 통해 북한에 가면 김정은 위원장을 만나게 해달라고 요청할 계획이라고 했습니다. 혹시라도 남북한 지도자를 만나면 어떤 이야기를 하고 싶으신지요?

만일 지금 제게 남쪽 대통령이나 북의 김정은 위원장을 만날 기회가 있다면 딱 한 가지만 간곡히 부탁드리고 싶습니다. 어서 정상회담을 갖고 6·15, 10·4 선언 시대로 돌아갈 수 있게 노력해달라고요.

① 2013년 북한 여행 갔을 때 만난 유도 영웅 계순희 선수.
② 2014년 4월 부산지역 강연을 마친 신은미·정태일 부부가 독자들이 한반도 지도에 쓴 환영 메시지를 받아들고 환하게 웃고 있다.
③ 2016년 2월. 강연을 위해 미국을 방문한 성공회대 한홍구 교수가 캘리포니아의 신은미 씨 자택을 방문했다.

후기

북한 붕괴 전제한 정책 버려야

2011년 10월, 내키지 않는 마음에 호기심만 안고 떠난 첫 북한여행 이후 2015년 10월까지 여덟 차례 북한을 여행했다. 슬프도록 아름다운 북녘조국의 산하를 방방곡곡 다니면서 심성 고운 사람들이 사는 가난한 나라 북한에 수양가족을 만들고 나 스스로 이산가족이 됨을 자초했다.

나는 작가도, 통일운동가도 아니다. 내가 쓴 두 권의 북한기행문도 통일에 관한 이야기가 아니라 북한을 여행하며 내가 경험한 사랑의 이야기다. 사실 불과 5년 전까지만 해도 6·15선언이 무엇인지도 몰랐던 나는 북한 여행을 통해 민족의 화합과 조국의 평화통일에 대한 강렬한 염원을 갖게 되었다. 그리고 그제야 남북관계에 대해 관심을 갖고 기회가 있을 때마다 관련 글들을 읽어 보았다. 그러한 과정에서 발견한 것은 한국이건 미국이건 이들의 대북정책은 '북한은 곧 붕괴할 것' 또는 '북한을 붕괴시킬 수 있다'는 가능성 희박한 가정을 전제로 하고 있다는 것이다. 과연 북한은 붕괴할 것인가?

'고난의 행군'을 버틴 나라인데, 쉽게 붕괴할까?

남한 언론들은 1990년대 중반, '고난의 행군' 시기에 수십, 수백만의 북한 주민들이 기아로 목숨을 잃었다고 보도한다. 그런데 북한은 붕괴했나? 북한은 여전히 건재하며 붕괴할 기미는 지금까지도 보이지 않는다. 당시 수십, 수백만의 인명 피해를 고려해 볼 때 현재 남한에 살고 있는 새터민 수 2만여 명은 많은 숫자가 아니다. 내가 살고 있는 미국에서 수백만 명의 아사자가 발생했다면 아마도 수천만 명이 캐나다나 멕시코로 '탈미'했을 것이다. 한국에서도 그러한 일이 발생했다면 어떤 일이 벌어졌을까? 수십, 수백만 명이 목숨을 잃고도 북한은 붕괴하지 않았다. 그렇다면 우리는 그 사회가 어떤 사회인지 냉철하게 생각하고, 관찰하고, 연구해야 한다.

관광객 신분으로 북한을 바라본 내가 그 사회를 이렇다 저렇다 판단한다는 것은 불가능하다. 그렇지만, 내가 경험한 북한은 아무리 가난에 허덕이고 있다고 해도 결코 일순간 와르르 붕괴할 것 같지는 않았다. 한 사회가 붕괴될 때에는 사회 구성원들 사이에서 정신적인 타락이나 나태 혹은 침체가 먼저 시작된다고 한다. 하지만 나는 북한에서 그런 기미를 느껴보지 못했다. 오히려 그 반대였다. 내가 본 북한 주민들에게는 그들만의 뭔가가 있었다. 그것은 우리가 도저히 알 수 없는, 혹 안다고 해도 이해할 수 없는 성격의 것이다. 나는 내 정서로 확실히 말할 수 없는 그 뭔가가 지금의 북한을 지탱하고 있다고 생각한다.

"제2차 세계대전은 끝나지 않았으며 지금도 한반도에서 진행 중이다"고 말하는 북한동포들도 있다. 60여 년에 걸친 경제제재 속에 나라 살림이 바닥을 헤매면서도 총대를 부여잡고 '자력갱생'을 부르짖는 북한. 내 눈에 비친 북한은 전 국토가 요새화되어 있고, 최악의 경우 수백만 명이 결사항전을 벌일 것 같은, 한마디로 '빨치산 국가'(partisan state)였다.

만약 북한에 가해진 제재마저 풀려 북한이 본격적으로 국제 경제에 참여하게 된다면 , 붕괴는커녕 놀라운 경제성장을 구가할 것이라는 생각이 든다. 60~70년대 남한의 경제성장을 이야기할 때, 대부분 값싼 노동력이 경제성장의 원동력이라고 평가하곤 한다. 이에 비해 지금의 북한은 양질의 값싼 노동력은 물론이고, 당시 남한이 갖고 있지 못했던 풍부한 지하자원, 그리고 기술도 갖추고 있다. 경제대국이 된 남한조차 자력으로 인공위성을 띄우지 못하고 있지만, 북한은 이미 오래전에 이것을 성공시킨 것으로 알려졌다. 그만큼 북한에는 남한이 갖고 있지 못한 테크놀로지도 있다는 이야기다. 남과 북이 대규모 경제협력을 본격적으로 시작한다면 남한 역시 반드시 놀라운 경제 도약을 다시 한 번 이룰 수 있다고 확신한다.

북한동포는 개성공단을 경제 아닌 민족화합의 시각으로 바라봐

개성공단이 그 좋은 예다. 보수 언론에 의해 소위 '퍼주기'로 잘못 알려졌지만 그것이 과연 '퍼주기'였을까? 사실 개성공단은 엄청난 '퍼오기'였다. 개성공단 근로자 일인당 고용비용이 월 135~150달러라고 하니 개성공단에 진출한 우리의 기업은 한국과 비교해 근로자 일인당 적어도

월 약 1천 달러 정도의 임금을 절약한 셈이다. 개성공단에 고용됐던 5만2천 명의 북녘동포들에게서 연간 ($1,000×52,000×12=) 6억 2400만 달러(한화 약 7천억 원)나 되는 어마어마한 이익을 남측에 가져온 것이다. 거의 무료에 가까운 토지의 사용에서 오는 이득을 계산에 넣지 않고서도 연간 엄청난 액수이다. 그러니 지난 10년간 개성공단을 통해 얼마나 많이 퍼왔단 말인가.

개성공단을 바라보는 시각 또한 남과 북 동포들 사이에는 큰 차이가 있었다. 대부분의 남녀 동포들이 개성공단을 경제적인 시각에서 바라본 반면 북녘의 동포들은 개성공단을 민족화합의 시각에서 바라보았다. 내가 북한을 여행하면서 만난 북녘동포들 중 개성공단을 '돈벌이'로 생각하고 있는 사람은 아무도 없었다.

북한 관광을 갈 때마다 평양의 순안공항에서 쿠웨이트 등 중동발 전세 비행기를 볼 수 있었다. 모두가 중동으로 가는 근로자를 실어 나르는 비행기다. 해외에 파견된 북한의 근로자가 벌어들이는 외화는 개성공단과는 비교할 수가 없다.

우리 역시 남북 경제협력을 바라보는 시각을 달리할 필요가 있다. 나는 통일의 첫 단계로 우선, 지속적인 경제협력을 통해 궁극적으로는 남과 북의 화폐통합을 포함한 경제통합을 희망한다. 6·15, 10·4 선언이 애초 계획한대로 이행된다면, 북한 전역에 여러 공단이 설립되고 여기에 취업하는 북한동포의 수가 무려 350만에 달할 것이라 한다. 게다가 3백 5십만 북한 근로자의 부양가족까지 합치면 무려 천 수백만 명에 이르는, 북한 인구의 반 이상이 남북 경제 공동체를 이뤄 서로 의존하게 된다.

사실상의 통일(de facto unification)이다. 이렇게 된다면 남과 북 어느 정부도 마음대로 공단을 폐쇄해 버리고 마는 일은 벌어질 수 없을 것이다. 남과 북의 정부가 개성공단을 쉽게 폐쇄할 수 있었던 것도 공단의 규모가 너무 작았기 때문 아니었을까?

남과 북의 경제 통합 이뤄진다면

남과 북의 경제통합, 생각만으로도 가슴이 벅차오른다. 남과 북의 경제성장도 좋지만, 나를 가슴 벅차오르게 하는 진짜 이유는 남북 경제협력 과정에서 벌어질 수 있는 감격스러운 상황 때문이다. 우리 민족, 남과 북이 비로소 마음을 합치고, 서로를 보듬어 안으며 살길을 찾아 함께 나서는 역사적인 상황 말이다. 이제 '좌빨', '수꼴', '종북', '반북' 같은 논할 가치 없는 무개념 단어들을 남발하지 말았으면 한다. '널리 사람을 이롭게 하는' 마음으로 '통일'을 논하면 좋겠다. 그렇게 된다면 아름다운 겨레의 정신을 실천에 옮겨 세상을 이롭게 할 수 있을 것이라 믿는다. 세상의 빛과 소금이 되어 살아가는 우리 민족의 모습을 그려본다.

누군가가 북한의 붕괴를 상상하고 있다면 묻고 싶다. 얼마나 더 많은 북한의 동포들이 목숨을 잃어야 북한이 붕괴된다고 생각하는지 말이다. 5백만 명? 천만 명? 그렇게 많은 동포들이 죽어가며 얻는 '북한의 붕괴'가, 그로 인해 얻게 되는 통일이 대체 무슨 의미가 있단 말인가.

일부 사람들은 마치, 북한이 붕괴되면 남한이 이를 흡수해 통일이 쉽게 이루어질 것처럼 믿는 듯하다. 하지만 그러한 일은 일어나지 않을 것 같다. 아마도 미·중·일·러가 유엔군이라는 이름하에 북한을 점령하고 분할 통치할지 모른다.

이렇듯 북한의 붕괴가 통일을 더 어렵게 만들 수도 있다. 그리고 북한의 경제발전이 통일에 더 유리하게 작용할 것이라는 점도 알아야 한다. 소위 '통일 비용'이라는 것도 남북 간의 경제 격차가 벌어지면 벌어질수록 늘어날 게 뻔한 일 아니겠나.

이제 '북한은 곧 붕괴할 것'이라는 가정을 버리고 민족, 그리고 통일을 바라보자. 대개 우리 한민족을 '전쟁의 폐허 속에서 세계적인 경제강국을 건설한 훌륭한 민족'이라고 소개한다. 북한 역시 마찬가지다. 그들도 이런 민족적 역량을 동일하게 지닌 사람들인데 그리 쉽게 무너지겠는가 말이다.

구매력 갖춘 북한주민의 증가

첫 북한여행을 한 2011년에 비해 마지막으로 본 2015년 10월의 북한은 경제적으로 많은 발전이 급속도로 이루어지고 있었다. 지금 평양에는 멋진 레스토랑, 카페, 술집 등 고급 유흥시설이 성행하고 있다. 이러한 시설들은 (일부 탈북자들이 종편 방송에서 말하듯) 결코 외부에 보여주기 위한 전시물이 아니다. 또한 외국인이나 고급 당원만 이용하는 시설도 아니다.

내가 북에서 만난 국장이나 부국장이란 사람들은 고급당원이었다. 하지만 그들의 외양은 초라하기 그지없다. 항상 인민복 차림에 야외 노동을 하는지 얼굴은 검게 그을려 있다. 내가 가 본 고급 술집이나 레스토랑에서는 이런 모습의 사람들을 거의 본 적이 없다.

대부분의 고객들은 평상복을 입고 있으며 얼굴색도 뽀얀 것이 살짝 부티도 난다. 이들이 바로 요사이 북한에 등장하고 있다는 '구매력을 갖춘 북한 주민들'이다. 그렇다면 이들은 어떤 사람들일까?

이들은 주로 무역이나 상업에 종사하는 사람들이다. 북한 상점에는 많은 중국 상품이 진열돼 있다. 간혹 미국이나 유럽 제품도 볼 수 있지만, 겉포장에 중국 글자가 적혀 있는 것으로 보아 중국을 통해 들어오는 수입품일 것이다. 그렇다면 이 상품을 수입하는 무역업자와 중간상인이 있을 것이며, 이를 상점이나 장마당에서 판매하는 소매업자 역시 존재할 것이다. 이들이 바로 외화를 소지한, '구매력을 갖춘 북한 주민들'이다. '구매력을 갖춘 북한 주민들'은 또 있다. 외국에 나가 근무하는 북한 노동자가 바로 그들이다.

어떤 사람들은 '구매력을 갖춘 북한 주민들'을 부르주아 혹은 미들클래스(중산층)로 생각해 시민혁명이 일어날 수도 있다는 가설을 세우기도 한다. 즉, 이들이 '부르주아 민주주의' 또는 '시민 민주주의 혁명'의 기반이 될 것이라는 주장이다.

그러나 내가 본 북한사회에서는 그런 혁명이 일어날 가능성은 거의 제로에 가깝다. 왜냐하면, 북한 지도층과 인민들 사이의 단단한 결속력 때문이다. 우리가 어렸을 적 반공교육 시간 때 배운 대로 이들의 결속력이 '북한정부의 세뇌 교육'에 의한 것이라고 할지라도 결속력 자체가 단단한 것은 부인할 수 없는 사실이다. 이런 조건에서 서구식 시민혁명이 일어날 가능성은 무척 낮다.

나는 '구매력을 갖춘 북한 주민들'의 등장을 시민혁명과 연결해 생각하기보다는 북한 주민들의 생활수준 향상과 연결해 바라보는 것이 더 합리적이라고 생각한다. 동시에 그들의 생활수준이 향상되면 향상될수록 결속력은 더더욱 단단해질 것이다.

북한정권과 북한 주민은 별개가 아냐

간혹 사람들이 "우리는 북한정권과 북한동포를 구별해야 한다. 우리가 싫어하는 것은 북한 정권이지 북한동포들이 아니다. 그러므로 우리는 그들을 분리해서 생각해야 한다"라고 말하는 것을 듣곤 한다. 그러나 내가 관찰한 북한정권과 북한 주민은 별개가 아니었다. 그들은 하나였다.

'북한정권과 북한 주민은 별개' 또는 '북한은 곧 붕괴하리라'라는 가정은 현실과 거리가 멀다고 생각한다. 진정한 국가안보를 위해서도, 민족의 화합과 조국의 평화적인 통일을 위해서도, 우리는 북한의 실정을 있는 그대로 바라보려는 노력이 필요하다. 그들은 무슨 영화를 보고, 무슨 음악을 들으며, 무슨 옷을 입고, 무슨 집에 살며, 무슨 음식을 먹으며, 무슨 일을 하고, 무슨 생각을 하며 살아가는지를. 다소 과장되고 왜곡된 부분도 있긴 하나, '반공'을 위해 한국정부가 보여주는 북한, 탈북동포들이 묘사하는 북한, 일부 언론에서 보여주는 북한의 모습도 북한이다. 그러나 그러한 모습만이 존재하는 북한이란 이 세상에 없다.

내가 북한기행문을 쓴 주된 이유는 나와 북한에 살고 있는 내 수양가족 간의 사랑이야기를 전하려는 것이었지만, 내가 본 북한을 있는 그대로 알리고 싶었기 때문이기도 했다. 그렇게 하는 것이 진정 민족의 화합과 조국의 평화통일을 위한 것이라 확신했다.

부디 남과 북이 평화로운 통일 조국을 후손들에게 물려주고, 잠시 멈춰있었던 찬란한 우리의 역사를 다시 함께 써 내려가길 간절한 마음으로 기원한다.

남과 북의 오작교가 되어
-재미동포 아줌마 '종북마녀사냥' 수난기

발행일 | 2016년 12월 21일 초판 1쇄 발행

글쓴이 | 신은미
편　집 | 플랜디자인
펴낸이 | 최진섭
펴낸곳 | 도서출판 말

출판신고 | 2012년 3월 22일 제 2013-000403호
주소 | 서울시 마포구 토정로 222(신수동 448-6) 한국출판콘텐츠센터 316호
전화 | 070-7165-7510
전자우편 | dreamstarjs@gmail.com

신고번호 | 제2013-000403호
ISBN | 979-11-87342-02-1